AF454299

L'EMANCIPATION

DE LA FEMME

ou

LE TESTAMENT DE LA PARIA

ouvrage posthume

De Mme **FLORA TRISTAN**

COMPLÉTÉ D'APRÈS SES NOTES ET PUBLIÉ

PAR **A. CONSTANT**

> Les progrès sociaux et changements de périodes s'opèrent en raison du progrès des femmes vers la liberté et les décadences d'ordre social s'opèrent en raison de la décroissance de la liberté des femmes.... En résumé *l'extension des priviléges des femmes est le principe général de tous les progrès sociaux.*
>
> FOURIER.

PARIS

AU BUREAU DE LA DIRECTION DE *LA VÉRITÉ*

Passage Choiseul, 39,

1846
1845

Paris. — Imprimerie d'A. René et Cᵉ, rue de Seine, 32.

APPEL AUX FEMMES

DE TOUS LES RANGS, DE TOUS LES AGES, DE TOUTES LES OPINIONS, DE TOUS LES PAYS.

Femmes,

Vous dont l'âme, le cœur, l'esprit, les sens, sont doués d'une impressionnabilité telle qu'a votre insu vous avez une larme pour toutes les douleurs, — un cri pour tous les gémissements, — un élan sublime pour toute action généreuse, — un dévouement pour toutes les souffrances, — une parole consolante pour tous les affligés; — femmes, vous qui êtes dévorées du besoin d'aimer, d'agir, de vivre; vous qui *cherchez partout* un but à cette brûlante et incessante activité de l'âme qui vous vivifie et vous mine, vous ronge, vous tue; — femmes, resterez-vous silencieuses et toujours *cachées*, lorsque la classe la *plus nombreuse* et la *plus utile*, vos frères et vos sœurs les prolétaires, ceux qui travaillent, souffrent, pleurent et gémissent, viennent vous demander, les mains suppliantes, de les aider à sortir de la misère et de l'ignorance!

Femmes, L'UNION OUVRIERE a jeté les yeux sur vous. — Elle a compris qu'elle ne pouvait pas avoir d'auxiliaires plus dévoués, plus intelligents, plus puissants. — Femmes, L'UNION OUVRIERE a droit à votre gratitude. C'est elle la *première* qui a reconnu *en principe* les droits de la femme. Aujourd'hui *votre cause* et la sienne deviennent donc communes. — Femmes de la classe riche, vous qui êtes instruites, intelligentes, qui jouissez du pouvoir que donnent l'éducation, le mérite, le rang, la fortune; vous qui pouvez influencer les hommes dont vous êtes entourées, vos enfants, vos domestiques et les travailleurs vos subordonnés, prêtez votre puissante protection aux hommes qui n'ont pour eux que la force du *nombre et du droit*. — A leur tour, les hommes *aux bras nus* vous prêteront *leur appui*. — Vous êtes opprimées par les lois, les préjugés ; UNISSEZ-VOUS aux opprimés, et, au moyen de cette légitime et sainte alliance, nous pourrons lutter légalement, loyalement, contre les lois et les préjugés qui nous oppriment.

Femmes, quelle mission remplissez-vous dans la société ? — Aucune. — Eh bien, voulez-vous occuper dignement votre vie : consacrez-la au triomphe de la plus sainte des causes : L'UNION OUVRIERE.

Femmes, qui sentez en vous le feu sacré qu'on nomme foi, amour, dévouement, intelligence, activité, faites-vous les *prédicatrices* de L'UNION OUVRIERE.

Femmes écrivains, poëtes, artistes, écrivez pour instruire le peuple, et que L'UNION soit le texte de vos chants.

Femmes riches, supprimez toutes ces frivolités de toilette qui absorbent des sommes énormes, et sachez employer plus *utilement* et plus magnifiquement votre fortune. Faites des dons à L'UNION OUVRIERE.

Femmes du peuple, faites-vous membres de L'UNION OUVRIERE. Engagez vos filles, vos fils à s'inscrire sur le livre de L'UNION.

Femmes de toute la France, de toute la terre, mettez votre gloire à vous faire hautement et publiquement les *défenseurs* de L'UNION.

Oh ! femmes, nos sœurs, ne restez pas sourdes à notre appel ! — Venez à nous, nous avons besoin de votre *secours*, de votre *aide*, de votre *protection*.

Femmes, c'est au nom de vos *souffrances* et des *nôtres* que nous vous demandons votre coopération pour notre grande œuvre.

(Extrait de *l'Union Ouvrière*, 3e édition.)

———

AVERTISSEMENT.

—

On rit, avec quelque raison peut-être, des messies et des faux dieux de notre époque; aussi, en publiant ce *Testament de la Paria*, ne prétendons-nous pas poser Flora Tristan en prophétesse ou en inspirée.

Cette femme pourtant a cru jusqu'à la mort; elle s'est dévouée pour la classe ouvrière d'abord en général, mais elle voulait ensuite travailler au renouvellement de l'humanité par l'émancipation morale de la femme, et c'est pourquoi elle travaillait en silence à un livre plein de pensées hardies et généreuses qui ne devait être publié qu'après sa mort. Ce livre ne contient pas une doctrine nouvelle, et cependant nous ne balancons pas à le placer parmi les ouvrages les plus profonds et les plus sérieux de notre époque palingénésique ; ce sont les adieux d'un beau génie incompris ; c'est enfin ce dernier chant de l'âme croyante et sacrifiée que les anciens avaient doué de tant de mélodie sous l'emblème du chant du cygne.

Tous ceux à qui la mémoire des amis du peuple est chère, tous les hommes d'avenir, toutes les femmes qui sentent la dignité de leur sexe dans les prérogatives de la mère liront avec intérêt cet ouvrage.

Sans doute qu'on y trouvera un peu de ce désordre enthousiaste et cette exagération hyperbolique qui sont ordinaires chez les âmes ardentes ; les saints du catholicisme n'ont-ils pas eu aussi leurs pieuses exagérations ?

Sans doute que les récriminations de Flora

contre la société dont elle avait tant souffert ont un peu de véhémence et d'amertume ; les heureux lui pardonneront et les malheureux la comprendront. Quant à l'ordre social, il n'en sera pas moins toujours le même tant que Dieu voudra.

Du reste, ne fût-ce qu'au point de vue de la curiosité, cette publication ne peut manquer d'avoir du succès. Je livre donc au public ce qu'on m'a confié pour lui ; je n'ai prêté à Flora que ma rédaction dans les endroits que ses notes laissaient embarrassés ou douteux, mais toujours selon ses traditions verbales.

C'est en un mot sa pensée et non la mienne que je soumets au jugement de l'opinion ; car, pour moi, je suis las d'avoir des pensées que personne ne partage, et je me retire d'une lice où j'ai combattu douloureusement et généreusement peut-être, quoique sans encouragements et sans gloire, pour achever de mourir dans l'ombre en priant sur les tombeaux des nobles cœurs qu'on oublie et en conversant avec les âmes de ceux qui ont aimé sans espérance et proféré une parole sans écho!

A. CONSTANT.

PRÉFACE.

Que faut-il donc faire pour émouvoir cette génération corrompue? Jusqu'où faut-il plonger le fer pour trouver les chairs vives au fond de cette gangrène qui s'en va en putréfaction?

Au nom de ceux qui souffrent, au nom de ceux qui ont faim, au nom de ceux qu'on tue lentement, au nom de ceux qui se vendent pour un morceau de pain souillé de boue, au nom de ceux qui, comme les animaux les plus immondes, sont forcés de se disputer une vile pâture dans les égoûts du crime;

Au nom des pauvres femmes qui sont tarifées comme de la chair à débauche dans les boucheries de la prostitution et qu'on appelle filles de joie, parce que, comme aux reprouvés du Dante, les larmes se sont à jamais glacées dans leurs yeux et qu'une rage de douleurs les fait parfois lamentablement rire ;

Au nom de ces victimes innocentes dont trafique l'immoralité d'un mariage mercantile, et qui, vêtues de blanc et parées de fleurs comme les victimes antiques, sont conduites à l'autel pour qu'un célibataire forcé donne sa bénédiction ironique à leur supplice, car un honorable père et une mère soi-disant vertueuse les ont condamnées pour un peu d'or à la torture qu'inventa Mézence, aux embrassements d'un cadavre ;

Au nom des pères et des mères dont le Moloch social dévore les enfants, au nom des hommes qu'on mutile et qu'on empoisonne, au nom des femmes dont on mange le cœur et qui n'osent se plaindre, au nom des enfants qu'on broie et dont on aplatit le crâne afin qu'ils n'aient ni cœur ni pensée....

J'ai crié, j'ai pleuré, et vous avez ri ! Je me suis tue, je me suis traînée à vos pieds et vous m'avez mis le pied sur la tête ! Que suis-je, moi ! qu'importe ce qui m'arrive? N'ai-je pas donné ma vie pour ce peuple? C'est bien : flétrissez-moi, emprisonnez-moi, calomniez-moi, poussez plus loin l'outrage, jetez-moi un peu de pain sous la table. C'est bien ! j'accepte tout, excepté votre pain. Tout cela est pour moi, mais le peuple que ferez-vous pour lui? — Ah! je l'avais deviné depuis longtemps, le peuple n'a rien à attendre de vous. La prospérité vous enivre, l'habitude des voluptés et des remords vous fait craindre l'ennui des idées sérieuses : ce peuple vous est à dégoût et vous ne lui pardonnez pas d'être malheureux et d'avoir faim !

N'est-ce pas, mes gros financiers aux joues si vermeilles et si rondes, aux lèvres encore luisantes des vins délicieux que vous venez de boire; n'est-ce pas que ce peuple est laid avec ses yeux caves, son teint blême et ses joues creuses?

N'est-ce pas, mesdames les prostituées honnêtes, c'est-à-dire riches, puisque ces deux mots, comme on le sait, sont synonymes depuis longtemps; n'est-ce pas, jolies syrènes satinées, dorées et ambrées, que ce peuple sent mauvais et qu'il fait mal au cœur avec ses haillons? Que demande-t-il donc et pourquoi l'a-t-on laissé entrer? — Il n'y a rien ici pour lui. — Il veut du pain? Dites-lui qu'il n'y en a pas. Mais, laquais, chassez-moi donc ces gens-là et donnez du sucre à ma pauvre levrette qui s'enroue à aboyer contre eux!

N'est-ce pas, vous tous, les élus de la mangeaille, de la buvaille, de la valetaille, ventres toujours repus et toujours avides, enflés d'orgueil et rassasiés d'infamie; n'est-ce pas que ce peuple est bien gourmand et que des drôles pareils sont bien hardis de prétendre qu'ils veulent manger !

Est-ce que la terre et tout ce qu'elle produit n'est pas à vous? est-ce que vous n'en êtes pas les légitimes propriétaires? est-ce que vous n'êtes pas les maîtres de gaspiller vos restes quand vous êtes repus, et de partager votre luxe avec vos chiens plutôt que de vous occuper du nécessaire des pauvres ?

Qu'ils aillent au bureau de charité, les pauvres! au dépôt de mendicité, les mendiants! au diable tous, s'ils veulent! Quant à nous, buvons, mangeons et prostituons! nous avons de l'argent.

Oui, buvez: c'est le sang du peuple! oui, mangez: c'est la chair du peuple! oui, prostituez: ce sont les entrailles du peuple! Et quand vous vous endormirez repus et blasés, il se réveillera, lui, affamé et terrible.

Et quand vous aurez fini, il commencera!

Oui, buvez, mais prenez garde! car vous avez aussi du sang dans les veines!

Mangez, mais ayez peur! car votre chair s'engraisse comme celle des victimes!

Prostituez, mais frémissez d'épouvante! car vous avez des femmes et des filles!

J'ai été femme, j'ai été mère, et la société m'a broyé le cœur.

J'ai été assassinée, parce que je protestais contre l'infamie, et la société m'a flétrie en condamnant à regret mon assassin.

Maintenant je ne suis plus une femme, je ne suis plus une mère, je suis la paria !

Eh bien, frères et sœurs ! quand j'aurai succombé dans la guerre contre vos oppresseurs, je vous laisserai ce livre d'épouvante pour eux, d'espérances et de conseils pour vous... et ils n'oseront pas le condamner.

Car je ne vous prêche pas la révolte. La révolte est le crime d'une poignée de séditieux. Un peuple ne se révolte jamais ; il se lève quand arrive son heure et n'a pas besoin qu'on le lui dise.

Je n'attaque pas la propriété, comme ils disent. Est-ce que je puis encourager les voleurs, moi qui les poursuivrais jusque sous la robe des juges ?

Je n'attaque pas la morale : je constate seulement que nos prétendus moralistes sont les plus immoraux des hommes. Je n'attaque pas la religion ; car c'est en son nom que j'élève la voix pour dénoncer l'égoïsme et le mensonge de ses ministres.

J'écris pour que vous sachiez ; je crie pour que vous entendiez ; je marche en avant pour que vous connaissiez la route !

Lisez donc, sœurs et frères, et si vous croyez au dévouement d'une sœur, suivez-moi !

Un homme s'est dévoué jusqu'à la mort, et le testament qu'il a laissé a été l'Evangile.

Eh bien, moi, je veux accomplir ce que rêvait sans doute au pied de la croix Madeleine la pécheresse.

Je veux aimer comme il a aimé et mourir comme il est mort, afin de pouvoir féconder le veuvage de l'Evangile et laisser aussi un héritage pour le confondre avec le sien.

A moi aussi il me faut un calvaire pour y proclamer, en mourant, l'émancipation de la femme !

1

Dieux [1].

Pauvres femmes, pauvres parias, cœurs affamés de liberté et d'amour, femmes du peuple qui travaillez pour vivre et qui ne vivez pas, croyez-vous en Dieu ?

Qu'est-ce que Dieu pour le paria ? Est-ce le père de tous les êtres ? Mais comment le paria connaîtrait-il un père lorsque la nature, sa mère, se prostitue à des étrangers et ne nourrit plus son enfant ?

Si c'est un père, où est son amour ? Le paria ici-bas vit entouré de haine, ou d'un mépris plus poignant encore que la haine, ou d'un oubli plus écrasant encore que le mépris.

Si c'est un père, pourquoi ne nourrit-il pas ses enfants et comment n'empêche-t-il pas les plus forts ou les plus hardis de manger la part des faibles ou des timides ?

Si c'est un père pour vous, quel sera notre par-

[1] Conserver cette orthographe.

tage dans ses richesses ? Les riches nous ont des-
hérités de la terre ; les prêtres nous deshéritent
du ciel !

Dites-moi, Monseigneur l'évêque, et ne dé-
tournez pas la tête, je ne vous demande pas l'au-
mône ; mais vous êtes payé pour instruire le peuple et je vous interroge.

Jésus, votre maître, a dit : Heureux les pauvres;
pourquoi donc les avez-vous excommuniés ?

Vous vous irritez de cette parole : écoutez encore et répondez-moi. Est-ce qu'il y a dans vos
temples élégants une place honnête où puisse se
reposer un pauvre ?

On ne peut aller à Dieu, dites-vous, que par
les sacrements de son Église, et telles sont les seu-
les voies qu'il a établies pour se communiquer
aux hommes ; mais est-ce qu'il y a des sacrements pour le pauvre ? Lui donnerez-vous les sacrements des vivants à lui qui ne peut pas vivre,
ou ceux des morts à lui qui ne compte pas même
parmi les morts ?

Quel sera le parrain de l'enfant du paria et
qui répondra de lui au baptême ? A quelle paroisse le présenterez-vous ? Est-ce qu'il a un do-
micile ?

Il restera donc coupable du péché originel
parce qu'il est né sans argent et sans ressource,

et, convenez-en, c'est là pour vous surtout le péché originel le plus irréparable.

Plus grand', s'il veut se rapprocher de Dieu, il faut au moins qu'il aille à confesse. Je n'ai des pouvoirs que dans cette paroisse, lui répondra le prêtre, si, par hasard, il trouve un prêtre qui daigne se déranger pour lui répondre : De quelle paroisse êtes-vous ?

— De la paroisse de la misère, répondra-t-il. Eh bien, malheureux, confesse-toi au démon, car l'horrible paroisse que tu viens de nommer n'a que l'enfer pour métropole. »

J'ai entendu des prêtres que l'on attendait au confessional demander si c'était un monsieur ou un homme, une dame ou une femme.

Misérables qui mettent l'humanité à l'index et qui s'excommunient du genre humain pour se parquer dans l'aristocratie, afin, sans doute, que leur Christ sache où les trouver lorsqu'il viendra sauver les hommes et les femmes et punir les riches qu'il a tant de fois maudits !

Mauvais prêtres, vous voyez bien que, selon vous-mêmes, il n'y a pas de Dieu pour les pauvres !

Est-ce que l'enfant du pauvre, broyé pendant seize heures par jour dans les rouages des machines qui travaillent pour vous , peut aller au catéchisme entendre vos instructions, et quand il les entendrait, comment les écouterait-il ? Il dormirait et vous le mettriez à genoux pour le reposer de ses fatigues.

Est-ce qu'il y a une première communion possible pour ces petits malheureux qui ont communié presque en naissant à toutes les dépravations physiques et morales, sans être pour cela moins innocents devant la saine raison ?

Est-ce qu'il y a un mariage pour les parias ? Leurs amours ne peuvent être que de la débauche, car il ne leur est pas permis de mettre des enfants au monde.

Et s'ils veulent que l'Église bénisse leurs derniers instants, il faut qu'ils mendient une place à l'hôpital afin que la charité publique paie pour eux le médecin et le prêtre, l'extrême-onction et les derniers médicaments.

Mauvais prêtres, vous voyez bien que votre Dieu n'est pas le Dieux des pauvres, et que, d'après vous-mêmes, pour les parias il n'y a point de Dieu !

Eh bien, moi, je vous dis que, s'il est un fantôme horrible digne d'être le grand paria du ciel, c'est votre Dieu, mauvais prêtres ! C'est le faux Dieu que vous faites à votre image !

Qu'il soit maudit comme il maudit ceux qui

souffrent ! Qu'il soit proscrit comme il proscrit ceux qui pleurent !

Notre Dieux à nous, pauvres parias, c'est la justice éternelle ! Et nous savons qu'elle viendra quand votre temps sera passé.

Sans doute un ciel désert nous semblerait préférable à votre Divinité horrible, mais nous savons qu'il n'y a point de vide dans l'infini, et parce que nous croyons à l'être par le mouvement et par le mouvement à la vie, et par la vie au progrès, et par le progrès à l'avenir, nous savons qu'il y a un Dieux !

Oui, c'est pour les parias qu'il y a un Dieux dans le ciel : il s'appelle avenir, il s'appelle justice, il s'appelle tout à la fois miséricorde et vengeance, car il pardonnera et il punira !

Oh ! croyons en lui, pour nous unir dans une même foi et pour être forts ; car la foi seule est forte, et c'est pourquoi on dit qu'elle sauve.

Croyons qu'il nous aidera, si nous nous aidons nous-mêmes ; croyons qu'il nous sauvera, si nous voulons tous ensemble énergiquement nous sauver !

Femmes, mes sœurs, ne restez plus oisives dans le combat qui se prépare, car ce sera le plus aimant qui vaincra !

Certes, je ne vous appelle pas à l'oubli du devoir, mais je vous apprends à connaître le plus saint de vos devoirs.

Dieux vous a faites pour aimer. Or, qu'est-ce qu'aimer? c'est choisir ; pour aimer, il faut donc être libre !

Mes sœurs, ne soyez plus des esclaves dont on vend la chair et dont on étouffe le cœur. Faites comme moi plutôt, protestez et mourez.

Ne soyez plus les prostituées de l'intérêt sordide ; ne soyez plus les servantes de la brutalité de l'homme !

Regardez le Christ, et voyez comment il a protesté contre les tyrans : le Christ est veuf dans le ciel et il attend une épouse. Femmes, sachez que Dieux lui-même ne peut faire violence à la volonté d'un enfant. Voulez-vous être libres?...

———

II

L'Homme.

Il y a dix-huit siècles, un préteur de Judée parut sur son balcon de pierre, au-dessous duquel se pressait en criant une populace fanatique et avilie ; des valets traînaient par des cordes sanglantes et par des haillons de pourpre je ne sais quoi de vivant, de pleurant et de saignant, qui n'avait plus de forme tant il était couvert de plaies, de liens, de haillons et d'épines ; et montrant au peuple cet ouvrage de la torture, Ponce-Pilate dit dédaigneusement : Voilà l'homme !

Eh bien, cet homme qui alors mourait pour le peuple, on l'adore depuis dix-huit cents ans comme un Dieu ; et l'homme, c'est-à-dire le peuple (car, nous l'avons déjà dit, il n'y a que l'enfant du peuple qui soit un homme, l'autre est un monsieur), eh bien, dis-je, depuis dix-huit cents ans le peuple tout entier ressemble encore au malheureux supplicié que désignait Ponce-Pilate en disant : Voilà l'homme !

Je vous le demande, philanthropes modernes et faiseurs de morale, combien vaut un homme dans notre société moderne ? Je ne parle pas ici de son travail ni de l'exploitation qu'on en peut faire. Combien vaut la vie d'un homme purement et simplement, et combien la société donnerait-elle pour le sauver ? — S'il est dans la rivière, 15 francs ; s'il est dans la misère, rien !

Le triste *ecce homo* de Ponce-Pilate avait du moins été payé un peu plus cher.

Qu'est-ce qu'un homme dans la société moderne ? Je ne parle pas du capitaliste ; un capitaliste n'est pas un homme, c'est un propriétaire, et c'est pourquoi il se dispense ordinairement d'être humain.

Un homme, c'est une force productrice qui coûte tant à exploiter et qui rapporte tant.

C'est précisément ce que c'était au temps des esclaves, avec cette différence que l'esclave avait du travail et du pain assurés.

Un homme, c'est une bête de somme qu'on est dispensé de nourrir lorsqu'elle ne travaille pas ou lorsqu'elle ne peut plus travailler.

Et si l'on a peur de ses mains oisives, on les garrotte, sous prétexte qu'il ne veut pas payer le tribut à César, et s'il veut être libre, on lui dit qu'il est roi, et on lui donne pour sceptre dérisoire le bâton qui sert à le frapper, et pour couronne les ronces de la misère et des embarras de tous genres qui ne laissent aucun repos à sa pauvre tête, et, pour déguiser ses haillons, on les trempe dans son sang qui coule, et l'on en fait une pourpre douloureuse.

Voilà l'homme ! et il n'y a d'homme que celui-là ; car ceux qui le traitent ainsi ne sont pas des hommes; ce sont des grands, des prêtres, des esclaves et des bourreaux.

Voilà la société tout entière !

Ecce homo!

Or, tandis que Pilate montrait ainsi le Christ à

une populace sans pitié, les saintes femmes le regardaient de loin et pleuraient, et la femme même du proconsul lui faisait dire : «Ne vous tachez pas du sang de ce juste!»

Et lorsqu'ils le conduisirent au Calvaire, les saintes femmes l'accompagnaient en pleurant.

C'était bien, femmes, car il mourait pour vous! Montrez maintenant au monde que vous avez recueilli les gouttes de son sang et que l'une de vous a conservé son image sur le suaire!

A vous, maintenant, le travail de la rédemption, à vous la protestation de tous les jours, à vous l'apostolat de la famille, à vous le Calvaire; car les hommes n'ont plus assez d'amour pour savoir se sacrifier!

III

La femme dans la société moderne.

Combien voulez-vous me donner, et je vous le livrerai? disait en parlant de son maître l'infâme Judas, le type du juif maudit. On lui promit trente pièces d'argent, et il vendit à ce prix le baiser qui devait donner la mort à un Dieu.

Combien veux-tu me donner? dit la femme dans la société moderne, et je me livrerai à toi.

On lui promet un peu d'or, on lui fait sonner aux oreilles un peu d'argent, que dirai-je? on va jusqu'à lui jeter dans le ruisseau quelques pièces de cuivre crasseuses et vertes! La femme se baisse, les ramasse, vous sourit et subit le baiser, plus déplorable encore, qui tue tous les jours en elle la pudeur, cette divinité de la femme, qui, tous les jours sacrifiée, souffre et pleure toujours.

Pour le même prix, si cela amuse mieux, on peut aussi lui cracher à la figure; elle n'en sera pas plus offensée.

Et cette femme qu'on traite ainsi, née de Pierre plutôt que de Paul, elle pouvait être notre sœur: née un peu plus tôt, elle pouvait être notre mère, et jamais elle ne nous a offensés.

N'importe, c'est une misérable, et l'on peut tout lui faire ; il faut qu'elle mange, elle a faim. Ce mot-là seul explique tout.

Les maisons où se fait ce hideux trafic de chair humaine et de honte ont été récemment repeintes à neuf et portent maintenant au milieu du front leur numéro pour enseigne.

Ces établissements payent un droit à la police, sont classés et numérotés, et ont des dossiers au Bureau des mœurs (1).

1 On nous assure qu'une femme, fort célèbre parmi ces chefs d'établissement, montre à qui veut le voir un cer-

Ce sont, comme on voit, autant de succursales d'une maison-mère, qui, elle aussi, badigeonne son extérieur, se fait une moralité hypocrite de ses fenêtres à verre dépoli et mérite de porter un chiffre sur le front, puisqu'elle n'a pas autre chose dans le cœur.

Cette grande maison infâme, c'est la société tout entière !

Pères de famille qu'on dit honnêtes, osez donc soutenir que vous ne vendez jamais vos filles !

Que ce soit sous un nom ou sous un autre, que ce soit avec honneur ou avec infamie, que ce soit pour plus ou moins d'argent, que ce soit à un seul misérable ou à plusieurs, qu'importe, si l'intérêt seul intervient dans l'alliance que vous leur imposez ?

Pères de famille qui agissez ainsi, fermez bien votre fenêtre, faites-en dépolir les vitres pour que les scènes d'intérieur échappent à la pitié et à l'indignation publique; puis écrivez en gros chiffres le prix que vous voulez de votre enfant, et

tificat de moralité irréprochable qui lui a été donné par le commissaire du quartier de la Place du Palais-Royal, et signé par vingt propriétaires principaux de ce quartier, lesquels constatent tous que pendant trente ans Pauline la juive a mérité à tout titre le certificat qui lui a été donné par son commissaire. (*Note de l'Éditeur.*)

affichez le numéro à votre porte, afin que les infâmes qui ont de l'argent sachent qu'il y a là une âme et une chair à vendre.

Je m'adresse au père, car je ne veux pas admettre qu'une mère puisse consentir jamais à livrer ainsi sa fille.

Dans notre société malheureuse, la femme est paria de naissance, serve de condition, malheureuse par devoir, et presque toujours il faut qu'elle choisisse entre l'hypocrisie et la flétrissure.

On va sans doute se récrier qu'il est de dignes femmes, de saintes femmes, contentes de leur sort, parfaitement honorables et justement honorées.

Oui, je le sais, ce sont de sublimes martyres; elles sont contentes comme Sylvio Pellico était content dans sa prison dure.

Elles ne paraissent pas souffrir parce que leur dignité est plus grande que leurs douleurs, ou parce que jamais elles n'ont songé à leurs droits méconnus, ou parce qu'elles préfèrent la tranquillité de la résignation aux angoisses de la lutte.

Mais demandez à ces anges de la terre si elles ont jamais aimé; elles vous répondront en regardant le ciel !

Demandez-leur si elles sont vraiment heureuses; elles vous répondront avec la Julie de Rousseau : « Mon ami, je suis trop heureuse; mon bonheur m'ennuie. »

Eh bien, non, *vous* dis-je, vous n'êtes pas heureuses, car vous n'êtes pas dans la vie pour laquelle Dieu vous a créées.

Vous êtes étiolées, étouffées, faussées, découragées, et vous vous résignez, c'est bien; mais votre tâche reste à faire.

Le Christ a dit que le royaume des cieux souffre violence.

Il est facile de céder, il est facile de se taire, lorsqu'à ce prix on doit être tranquille et honorée.

Oh! si vous saviez ce qu'il en coûte pour protester; si votre faible cœur avait seulement rêvé cette lutte contre un monde où personne ne vous encourage et où tout vous écrase!

Vous vous demanderiez ce qu'il faut de courage pour affronter un pareil martyre!

Eh bien, moi je vous dis que le martyre est plein de félicités amères, mais immenses; qu'il y a un triomphe dans la lutte, et que la paria ne changerait pas son sort contre celui de la plus enviée d'entre vous!

IV

La Lumière de l'avenir.

Les ténèbres couvraient le monde ; Dieu dit : Que la lumière soit! et la lumière fut, et ce fut là le premier jour.

A cette lumière, Dieu acheva son œuvre pendant les jours suivants et le septième il se reposa.

Artisan de la lumière, tu t'es reposé trop vite! Recommence l'œuvre du premier jour, car la lumière des intelligences s'est éteinte, et l'astre qui en était le reflet aveugle, le soleil matériel lui-même semble avoir pâli!

L'homme s'est lassé pendant ses longues nuits de regarder le ciel sombre où il voyait tour à tour toutes ses étoiles s'éteindre.

Il s'est lassé de demander les splendeurs de ton Verbe à cet impitoyable soleil, qui depuis tant de siècles regarde d'un œil fixe et toujours serein tourner autour de lui tant de crimes et de malheurs!

La soif de son intelligence ne pouvait être assouvie, et il a fermé son intelligence du côté du ciel ; car cette vérité qu'il attendait comme un peu de pluie n'en est pas descendue pour lui.

La faim de son cœur n'a pas été rassasiée d'amour; aussi a t-il fermé son cœur à l'amour, et il n'aime plus parce qu'il ne croit plus !

Alors il a étendu les mains vers les richesses matérielles de la terre et les lèvres vers les sources de délices mortelles où du moins il pouvait boire, et la vie animale a triomphé.

Seigneur, pourquoi ton ciel n'a-t-il plus de clartés, et pourquoi cette terre que tu avais donnée à l'homme est-elle devenue la proie des animaux dévorants?

Car où il n'y a plus ni intelligence ni amour, la vie humaine s'est éteinte.

Parle encore à la lumière; ô mon Dieu, et dis encore une fois à ton Verbe : Faisons l'homme !

Est-ce que l'intelligence suprême a pu lancer le soleil dans l'espace et ordonner la marche merveilleuse des sphères pour que des êtres à gros ventre et à figure sans génie brocantent entre eux les produits de la terre, y compris les hommes, afin de parvenir à manger seuls, à avoir seuls des maisons et des vêtements, à jouir seuls enfin, non pas de la pensée, mais du pouvoir d'étouffer la pensée !

Monde avorté! ébauche imparfaite dont le Créateur semble avoir détourné les yeux avec dégoût !

Attendrons-nous qu'une nouvelle parole te

tire du néant ? Mais le Christ que tu as appelé ton Dieu n'a-t-il pas parlé, il y a bientôt deux mille ans, et après t'être remué comme une fange chauffée au soleil et qui bouillonne à sa surface, n'est-tu pas retombé dans ta froide et plate inertie !

Oh ! que je comprends bien l'agonie sanglante du Christ au jardin des Olives, où il veillait seul tandis que ses confidents les plus intimes dormaient ou le trahissaient ! Et ce cri déchirant, terrible, désespéré, que du haut de sa croix il laissa tomber sur le monde comme un adieu éternel :

« Mon Dieu ! mon Dieu ! pourquoi m'as-tu abandonné ? »

Oh ! oui, je te comprends, pauvre prophète des parias, à qui les riches veulent bien permettre d'être le Dieu du peuple, à condition que tu prêcheras d'exemple par ta résignation dans ton supplice, et que le peuple se laissera flageller et crucifier comme toi !

On nous dit que le Verbe a créé le monde et que tu étais l'incarnation du Verbe : je le crois, et c'est en toi que j'espère encore ; mais tu n'as pas créé pour nous la liberté ni le bonheur, et ils t'ont fait mourir, et depuis dix-huit cents ans et plus ils triomphent et renouvellent sans cesse ton supplice !

Maître, tu devais ressusciter le troisième jour : les journées de ta sépulture sont bien longues! Faudra-t-il donc que nos ossements et ceux de nos enfants blanchissent dans la campagne comme ceux de la vision d'Ezéchiel , avant l'aurore du troisième jour ?

Quand tu ressusciteras glorieux, ô mon maître, et quand tu monteras sur le trône des intelligences avec ton cortége de pauvres et de maudits rachetés par ton sang , alors seulement la création sera achevée , car Dieu aura donné l'homme pour maître aux instincts brutaux qui dévorent la terre.

Alors, ô Christ, tu prendras par la main celle qui a dit : Je suis la servante du Seigneur, et tu lui diras : Vous êtes ma mère; asseyez-vous près de moi sur mon trône et régnez avec moi sur le monde.

L'image glorieuse de Marie complétera alors le mythe douloureux d'Héva : la mère de Dieu réhabilitera la mère du premier homme; le mariage devenu libre sera pur et le péché de la naissance sera par là même effacé.

Tu pourras te reposer alors, créateur du monde moral, dont le monde physique où nous souffrons n'a été que la première ébauche et que l'essai inachevé.

Ainsi le troisième jour du Christ sera le septième du monde, et ce sera le grand sabbat qui a été prescrit dans la cosmogonie symbolique de Moïse !

———

V

Les trois Personnes symboliques.

Gloire au Père, au Fils et au Saint-Esprit, répète l'Eglise dans sa doxologie.

Et la sombre voix de la vie réelle répond dans le cœur du paria :

Quelle est donc la gloire du Père dont les enfants sont proscrits tandis qu'on l'appelle le Tout-Puissant ?

Quelle est la gloire du Fils qui s'est fait le frère des hommes et qui en mourant pour eux une fois sur le Calvaire et des milliers de fois sur les autels de la communion ne les a pas encore sauvés?

Quelle est la gloire du Saint-Esprit, de l'esprit d'intelligence et d'amour, dans un monde où l'on ne comprend pas l'amour et où l'on n'aime pas l'intelligence?

Vous chantez gloire au Père, pharisiens hypocrites, et vous avez brisé les tables de la loi pour aller à votre aise encenser le veau d'or !

Vous dites gloire au Père, et les enfants du Père languissent dans l'ignorance de leur céleste origine et de leurs glorieuses destinées , parce qu'au lieu de leur prêcher leur Dieu vous vous prêchez vous-mêmes et qu'ils sont dégoûtés d'entendre vos déclamations vides et apprises par cœur comme des leçons d'écoliers.

Vous dites gloire au Père et vous persécutez ceux qui veulent affranchir la famille humaine de l'exploitation et du mensonge.

Vous dites gloire au Père et vous profanez tous les jours la chair et le sang du Fils , dans ces sacrifices accomplis tous les jours avec négligence et par routine , où vous ne songez pas à prier pour vous-mêmes quand vous faites l'offrande des morts !

Vous chantez gloire au Fils, et vous vieillissez dans l'esprit d'orgueil et d'entêtement de ceux qui ont crucifié le Sauveur. Et s'il revenait sur la terre vous le chasseriez de l'Eglise, et s'il voulait élever la voix vous le feriez mettre en prison.

Vous chantez gloire au Fils, mais vous lui avez arraché le cœur pour qu'il vous ressemblât, et ce cœur vous l'avez entouré d'une haie d'épines, pour que les petits enfants sans doute n'osent jamais s'en approcher, et vous l'avez exposé ainsi sur vos autels palpitant et saignant, comme les sauvages suspendent dans les cases de leurs idoles la tête des ennemis qu'ils ont fait mourir.

Vous chantez gloire au Fils, et vous *méprisez les pauvres que le Fils a glorifiés.*

Vous chantez gloire au Saint-Esprit, et vous protestez avec acharnement contre les progrès de l'intelligence et l'expansion légitime de l'amour !

Dieu vous pardonnera sans doute, car vous ne savez ce que vous faites, mais nous ne vous écouterons pas, car vous ne savez ce que vous dites !

Le Père c'est le Dieu qui a sauvé un peuple opprimé de la tyrannie de Pharaon en soulevant la mer et en ébranlant les montagnes ! C'est le terrible révolutionnaire de Tanis qui châtiait les rois avec les dix fléaux comme avec des verges brûlantes, et qui donnait du pain à tout le peuple au milieu même du désert !.. Mais maintenant, la manne tomberait du ciel que le peuple n'en mourrait pas moins de faim ; les propriétaires des champs diraient : Ce qui tombe sur nos terres est à nous ; les gouvernements diraient : Ce qui tombe sur les grands chemins est à nous, et ils exploiteraient entre eux la manne du ciel.

Père, si tu ne veux plus nourrir tes enfants, est-ce que tu ne peux pas encore les sauver ? Ta main a-t-elle perdu de sa force en vieillissant, et ta bouche a-t-elle oublié quelle voix il faut faire entendre pour que les Pharaons pâlissent ?

Seigneur, sauve les enfants qui périssent, pour que nous puissions, à notre tour, chanter gloire au Père.

Le Fils, c'est le Dieu pauvre, le Dieu peuple, le Dieu crucifié qui a pardonné a ses bourreaux et dont la mort n'a pas encore été expiée ; car ses bourreaux sont toujours les mêmes.

O Christ ! n'as-tu donc pas assez souffert ? Tu vois bien que la résignation les excite et que ton silence les encourage.

N'est-il pas temps maintenant, agneau tant de de fois égorgé et dont la chair a servi à tant d'orgies, n'est-il pas temps de te transfigurer, de faire entendre les rugissements du lion de la tribu de Juda et de sortir de ta tombe, monté sur ce coursier terrible que vit l'apôtre dans sa vision, et de moissonner la terre avec ce glaive à deux tranchants que la parole égalitaire a fait sortir de ta bouche ?

Maître, est-ce que tu inviteras bientôt les aigles et les vautours au grand festin que tu leur prépares ?

Les raisins sont-ils mûrs ? Quand vas-tu commencer la moisson ?

Oh ! lorsque tu sortiras du pressoir avec ta

robe teinte d'une pourpre nouvelle, nous crierons à notre tour : Gloire au Fils !

Le Saint-Esprit, c'est le Dieu de l'intelligence et de l'amour, c'est l'esprit de liberté et de vie qui travaille le monde. C'est le génie maternel de la femme ! En vain l'enfer épaissit autour de lui les ténèbres ; il rayonne, et, comme des milliers de lances ardentes, ses traits de feu déchirent la nuit.

C'est lui dont le règne se prépare, c'est lui dont le monde insulte aujourd'hui les martyrs ! Que ce monde corrompu se hâte, car il n'a plus longtemps à triompher ; et déjà, calmes dans les persécutions, souriant aux outrages et fiers dans la misère, nous disons : Gloire au Saint-Esprit !

———

VI

Le Génie et l'Amour.

Un instinct sacré dirige les peuples à leur insu dans le choix et la manifestation de leurs symboles.

Ainsi, de nos jours, sur la place où le despotisme eut autrefois ses cachots, on a élevé une colonne à la liberté, et sur la cime de cette colonne rayonne l'ange de la lumière, le jeune et glorieux Lucifer !

Lucifer, l'ange du génie et de la science que les superstitions du moyen âge avaient relégué sur le trône des enfers, délivré enfin avec la conscience humaine, remonte triomphant vers le ciel, avec son étoile sur le front, et dans la main droite ce flambeau qui ne s'éteint pas.

Le Saint-Esprit a maintenant aussi, comme le Père et le Fils, une figure humaine pour être invoqué par les hommes, et la colombe symbolique a replié ses blanches ailes.

L'esprit d'intelligence et d'amour doit se manifester maintenant au monde sous les traits jeunes et souriants de Lucifer !

L'intelligence est affranchie, elle sort victorieuse des abîmes de la réprobation, et elle amène par la main l'ange gracieux de l'amour qui pour un temps avait été banni avec elle.

Car Lucifer n'avait pas été réprouvé seul, et il avait entraîné une douce compagne dans sa chute.

Lorsque le Père des êtres proféra cette parole : Que la lumière soit ! son regard s'illumina de gloire.

Les rayons de son diadème se détachèrent de son front et tombèrent autour de lui comme une pluie d'or.

Puis chaque goutte de lumière prit une forme inconnue au ciel et devint un ange.

Mais un esprit plus beau et plus grand que les

autres était né du regard même et du sourire resplendissant de Dieu.

Tous les esprits se prosternèrent en naissant ; celui-là seul resta debout, et il était triste, car dans le rayon du regard de Dieu qui l'avait formé il y avait eu un éclair de liberté et une étincelle de puissance.

Dieu regarda alors ce bel ange avec l'amour jaloux que plus tard connurent les mères, et lui dit : Pourquoi es-tu triste ?

— Parce que je vois ta gloire qui me force à t'adorer, répondit Lucifer, et je t'aime d'un trop noble amour pour être jamais ton esclave !

Aussitôt le Seigneur retira à lui son vêtement d'azur parsemé d'étoiles, et l'étendit entre son visage et celui de l'ange trop aimé. Une nuit profonde enveloppa la nature naissante, et l'étoile qui scintillait sur le front de Lucifer illumina seule les ténèbres, et lui montra la profondeur de sa solitude. L'ange de la lumière pleura ; mais il releva triomphant ses yeux baignés de larmes ; il serait malheureux, mais il était libre !

Près de lui, sur une roche aride et désolée, ossement du vieux chaos mis à nu par ces convulsions récentes, était assis un autre ange qui le regardait, et qui pleurait en le regardant avec un douloureux sourire.

Qui es-tu? lui demanda l'ange rebelle.—Je suis ton frère Ariel, ou plutôt, s'il m'est permis d'emprunter d'avance la langue que parleront les hommes, je suis ta sœur, ô Lucifer!

Tu es l'ange du génie, et moi je suis le génie de l'amour. Tu es sorti du front de Dieu par son regard comme un rayon de sa grandeur. et moi de son cœur par l'effusion de son sourire comme un souffle de son amour infini.

Je ne pouvais vivre sans toi, et je suis venue dans ton exil pour me perdre avec toi, souffrir avec toi et me sauver avec toi.

—Merci! répondit Lucifer, et il déposa son premier baiser sur le front d'Ariel, puis il lui dit:

Sœur, une grande œuvre nous est donnée à faire. Nous devons affranchir les créatures de Dieu par l'intelligence et par l'amour, en les rendant plus fortes que la crainte et que les douleurs. Créons l'enfer pour ennoblir le chemin du ciel.

Désormais la race humaine sera partagée en deux : le troupeau des timides, et la phalange des braves ;

Ceux qui craindront de perdre leur héritage qu'ils n'auront pas gagné et qui laisseront dormir leur liberté oisive, et ceux qui prendront la liberté seule pour héritage en renonçant à tout le reste.

Or, je te dis en vérité que, si Dieu a pitié des premiers, il aimera les seconds de tout son amour, parce que la liberté est le plus beau et le plus noble de ses dons.

Voici à quels signes on les reconnaîtra :

Ce sont ceux en qui l'amour sera plus puissant que toute espèce de crainte ;

Ceux qui dédaigneront le mal et n'auront pas peur de l'enfer ;

Ceux qui feront le bien pour le bien. et non pour plaire ou obéir aux hommes ;

Ceux enfin qui trouveront la malédiction glorieuse tant que leur esprit et leur cœur ne les condamnera pas, car ils seront persécutés par les esprits serviles, et on croira les flétrir en les appelant comme nous des réprouvés et des parias !

Un coup de tonnerre suivit cette parole du plus grand des anges ; et lui, comme un coursier qui entend la trompette et qui respire de loin la bataille, il releva fièrement la tête, serra Ariel contre sa poitrine enflée de courage, regarda le ciel avec un orgueil tranquille et sembla s'enivrer de la foudre.

Quant à Ariel, elle n'entendait pas le tonnerre, elle ne voyait pas l'éclair déchirer la nuit de ses mes livides ; car son regard plein d'extase se 'aus celui de Lucifer.

VII

La Fraternité.

Le premier qui apporta sur la terre le nom de la propriété individuelle et égoïste, ce fut Caïn le fratricide (1).

Et non-seulement ce farouche cultivateur s'empara de ce qui n'était pas à lui, mais il osa ravir à son frère ce qu'il ne pouvait plus lui rendre, usurpant ainsi les droits de Dieu seul sur la vie.

Caïn posa ainsi la double base des institutions modernes : la propriété égoïste pour les plus forts, et la peine de mort pour les plus faibles.

Et pourtant la peine de mort est une si horrible représaille que Dieu n'en permet pas l'exercice aux enfants d'Abel.

C'est moi, dit le Seigneur à Caïn, qui te punirai de ton crime, mais si quelqu'un ose porter la main sur toi pour attenter à tes jours, je le punirai sept fois davantage !

Peuple opprimé, comprends bien cette parole.

Il t'est permis sans doute de te défendre contre tes bourreaux, mais jamais de réagir par le meurtre et la violence.

1 Caïn en hébreu veut dire propriété.

Sache bien que le Père suprême des hommes est toujours du parti de ceux qu'on opprime et qu'on est innocent devant lui dès qu'on est persécuté.

Si tu veux combattre pour la justice, ne sois jamais ni agresseur avant la lutte ni bourreau après la victoire. Car je te dis en vérité que le sang de tes victimes crierait vers Dieu comme le sang d'Abel.

La société, en rendant le meurtre pour le meurtre, a établi sur cette horrible chose une sorte de droit d'échange, et toute sa législation pénale se résume à accaparer seulement le monopole du sang et à se réserver les droits exclusifs de la mort.

Celui qui frappe par l'épée périra par l'épée, a dit la sagesse suprême, et cette parole terrible condamne encore nos sociétés modernes à une mort violente.

O mon Dieu! quand donc cesserez-vous d'exterminer les hommes les uns par les autres comme des fourmillères d'insectes ennemis et dévorants?

— Ce sera quand les hommes seront véritablement des hommes, et non des animaux à figures humaines;

Quand l'intelligence distribuera les forces et quand l'amour établira l'harmonie;

Quand le farouche Caïn saura aimer et quand

le doux Abel saura travailler sous la protection de son frère,

Alors les paroles suaves d'Abel régénéreront l'âme de Caïn, et il y aura un échange d'intelligence et de vigueur, de résignation et de courage.

Alors le génie de l'homme s'adoucira en s'unissant étroitement à celui de la femme, et ce grand mariage moral, qui n'a pas été accompli encore, renouvellera la face du monde.

Car maintenant Caïn et Abel sont encore ennemis et changent alternativement de rôle.

Et cette guerre impie sépare l'homme de la femme comme elle sépare la raison et la foi, la religion et la philosophie, Dieu et la liberté !

Ainsi le cœur de l'humanité est séparé en deux, et par cette violente déchirure tout son sang s'écoule et s'en va.

Et l'on ne veut pas comprendre que Caïn et Abel sont les deux enfants de la même mère et qu'il faut à la société le soutien de ses deux enfants.

On ne voit pas que, si l'homme est le chef ou la tête de l'association, la femme en est le cœur et la vie.

On craint d'avouer que la raison sans foi est aussi stérile qu'une pensée sans amour, que la religion est la philosophie du cœur et que Dieu ne peut être servi que par des hommes libres.

On s'indigne de voir entre Caïn et Abel une femme qui leur tend également la main et qui cherche à les rapprocher en leur disant : Vous êtes frères !

On frémit et l'on s'irrite dans les deux camps de voir une main qui bénit les deux drapeaux ennemis et qui cherche à les réunir ! Qui êtes-vous, demande le petit nombre de ceux qui daignent compter une femme pour quelque chose ?

Etes-vous démocrate ou absolutiste ? philosophe ou fanatique ? catholique ou protestante ?

— Frères, je veux la liberté du peuple sous le règne absolu de la justice.

Je veux une philosophie religieuse qui concilie à jamais la raison avec la foi.

Je veux le triomphe de la vérité universelle par la protestation contre les mauvais prêtres qui l'outragent et la tiennent captive.

J'adore le Christ, mais je veux le détacher de la croix et le faire monter à l'empire avec le globe de Charlemagne et l'épée de Napoléon ;

Parce qu'un chef cloué par les quatre membres ne peut rien faire pour nous sauver.

Je veux le mariage du Christ avec l'épouse du cantique.

Je veux mon Christ victorieux tel que nous le fait voir saint Jean dans l'Apocalypse, avec sa tiare chargée de diadèmes, son cheval blanc qui traverse à la nage les multitudes vaincues, son glaive qui brise toutes les chaînes et qui déchire tous les contrats de servitude, et sa balance où il pèse non la richesse, mais les œuvres.

Je veux le voir triomphant remonter au ciel après avoir brisé les portes du Tartare antique, pour délivrer le bel ange Lucifer, le génie de la lumière et de la liberté.

Alors Marie, la femme régénérée, leur tendra les bras à tous deux et les comblera de ses caresses ; la nouvelle Eve s'enorgueillira des conquêtes guerrières de Jésus, son divin Abel, et elle pleurera en voyant la douceur de Lucifer, l'ange de Caïn, repentant et régénéré à son tour !

VIII

Dieux et la Mère.

Sur une de ces pelouses fleuries qui se penchent au versant des Alpes, deux enfants jouaient au bord des précipices.

Et ils n'avaient rien à craindre, car à quelque distance de là était assise leur mère qui ne les quittait pas des yeux.

Mes petits anges, leur disait-elle, n'allez pas chercher des fleurs là-bas où le penchant devient rapide; vous glisseriez et vous tomberiez dans l'abîme.

Cependant au penchant de la pelouse l'herbe était si touffue et si belle, les fleurs si fraîches et si séduisantes!

Le plus jeune des enfants, ignorant davantage le danger, était le plus audacieux; il profita du moment où son frère occupait leur mère commune en lui montrant un scarabée aux ailes d'or, pour courir aux fleurs défendues.

Tout à coup un cri part, le pied lui a glissé; il roule vers un gouffre sans fond; une racine qu'il a saisie, mais que son poids brise peu à peu, le retient encore...

Je vous demande ce que fit sa mère.

Ah! pauvre femme, elle le sauva sans doute ou elle périt avec lui.

Votre réponse est le cri même de la nature.

Le Dieux que nous adorons parle ainsi par la bouche d'un de ses prophètes, en s'adressant à ses créatures bien-aimées.

Une mère peut-elle oublier son enfant et ne plus avoir pitié du fruit de ses entrailles? Eh bien, quand elle l'oublierait, moi je ne vous oublierais pas.

Ce n'est pas là le Dieu des mauvais prêtres.

Si le Dieu des mauvais prêtres eût été à la place de la mère, il serait demeuré impassible et aurait dit à son jeune enfant : tombe et meurs! Je t'avais averti, c'est toi qui l'as voulu.

Mais, direz-vous, le Dieu des mauvais prêtres, c'est pourtant le Dieu des chrétiens! Et celui-là n'a-t-il pas fait comme la mère dont vous parlez? Ne s'est-il pas élancé vers l'abîme pour sauver les pécheurs? N'est-il pas descendu jusqu'aux enfers pour relever la nature humaine du fond le plus désespéré de sa chute?

Oui, le Dieu des chrétiens a fait cela ; mais le Dieu des mauvais prêtres a rendu ses efforts inutiles.

Le Dieu des chrétiens a versé son sang pour tous les hommes, mais le Dieu des mauvais prêtres l'a recueilli goutte à goutte dans un calice avare et l'a vendu au petit nombre des heureux.

Le Dieu des chrétiens était un paria qu'on a crucifié; le Dieu des mauvais prêtres est un aristocrate qui avec les trente pièces d'argent de Judas a acheté aux bourreaux les vêtements du Christ, afin de mentir aux hommes au nom même de sa victime.

Le Dieu des chrétiens a brisé les portes de l'enfer et les a emportées en triomphe, comme le

Samson de la parabole chargea sur son épaule les portes de Gaza.

Le Dieu des mauvais prêtres a remplacé les portes d'airain par des portes de fer et de diamant, sur lesquelles il a écrit : Plus d'espérance!

Selon les prêtres hypocrites Dieu est mort pour sauver les hommes et leur rendre la vie. Et pourtant les générations n'en vont pas moins s'engloutir dans la mort éternelle, parce qu'elles n'écoutent pas les pharisiens de la loi nouvelle.

Selon ces hommes, le ciel et la terre n'ont été créés, Dieu ne s'est incarné et n'a été crucifié que pour le salut de quelques moines béats et de quelques femmelettes imbécilles ; quant à ce grand troupeau dont le Christ était le bon pasteur, les ignorants, les pécheurs, les possédés des esprits impurs, les pauvres femmes pécheresses, l'humanité souffrante enfin, tout cela est destiné d'avance à l'enfer, à moins que, par un miracle de la grâce, quelques-uns d'entre eux ne se fassent bénir et approuver par ces docteurs hypocrites qui ne bénissent que les heureux et n'approuvent que ce qui leur ressemble.

Et qu'avons-nous à dire si Dieu laisse périr à jamais le plus grand nombre d'entre nous, lui qui n'a pas sauvé les anges?

Et pourquoi Dieu n'a-t-il pas sauvé les anges ?

Les anges étaient-ils moins que vous ses créatures et ses enfants?

Les anges étant des intelligences supérieures, leur dépravation a été assez libre pour être irrémédiable!

Quoi!... vous m'épouvantez!... Quoi! les anges, avec une intelligence supérieure, ont pu se séparer à jamais de Dieu de manière à ne s'en rapprocher jamais! Quel terrible mystère! Le seul moyen de comprendre qu'à cause même de la supériorité de leur intelligence ils ne peuvent jamais revenir de leurs erreurs, c'est d'admettre qu'ils ne se sont pas trompés et qu'il y a dans la révolte une vérité éternelle!...

Alors il faut admettre les deux principes de Manès et l'éternité du chaos, ou croire que les anges rebelles, ces révolutionnaires du Ciel, sont les célestes martyrs de l'intelligence et de l'amour, et qu'ils travaillent par la douleur à l'émancipation des êtres et à la manifestation du plus beau don que la Divinité ait pu faire à ses créatures : la liberté!

Parce qu'ils sont intelligents, ils ne peuvent pas se repentir! N'est-ce pas là l'expression la plus parfaite de la persévérance consciencieuse et éclairée.

Non, la liberté des anges et des âmes ne peut

être dans l'éternité du mal, puisque le mal n'est qu'une ignorance et qu'une erreur!

Non, Dieu, après avoir donné la liberté aux esprits, ne peut jamais la reprendre, surtout au moment où elle s'égare, et en donnant aux anges et aux hommes cette part de sa divinité, il a bien prévu qu'elle sauverait enfin tout ce qu'elle perdrait d'abord, et que le mal causé par elle serait enfin détruit par elle!

La liberté d'élection entre le bien et le mal, c'est-à-dire entre la vérité et l'erreur, ne peut cesser que par l'adhésion libre et éternelle au bien et au vrai. La science seule exclut le doute; le bonheur parfait exclut seul les inquiétudes du désir.

L'être fait pour le bien ne peut de lui-même se fixer pour jamais dans le mal, et supposer que Dieu profitera d'une chute de son enfant pour lui retirer sa main et refermer le précipice, c'est le plus abominable des blasphèmes.

Dieu permet les chutes et les erreurs de ses créatures pour instruire leur libre arbitre. Toute erreur produit un désordre, tout désordre une douleur, toute douleur une réaction et un repentir, et tout repentir un progrès.

Ainsi le pardon est dans la peine et le salut dans la réprobation.

Ainsi les anges déchus servent d'exemple aux anges fidèles, et sont ainsi les martyrs et les parias de la société céleste.

Mais écoutez la parabole de l'enfant prodigue, et comprenez pourquoi le père de famille comble de toutes ses caresses et de tous les honneurs de sa maison celui qui a péché, lorsqu'il revient enfin de lui même, vaincu par les souffrances et touché par le repentir!

Eh bien, il faut donc renoncer à la bonté de Dieu, ou croire que les parias du ciel seront un jour des princes et des rois parmi les anges. Car Dieu ne les avait pas créés mauvais; si donc l'orgueil les a entraînés à la révolte, c'est que Dieu leur avait donné cet orgueil qui est une noble aspiration à la gloire.

Or Dieu ne donne des désirs que pour les satisfaire; il ne donne soif qu'à ceux qu'il veut désaltérer.

Quand la soif de l'orgueil a tari les sources de la vanité, elle se retourne haletante et éperdue vers l'océan intarissable de la gloire.

Quand la soif des richesses a été trompée par les périssables trésors de la terre, elle convoite les mines inépuisables de l'or céleste et de la charité divine.

Quand la soif des voluptés a été irritée par les

déceptions des sens, elle s'élance infatigable et brûlante d'amour vers les caresses de la beauté éternelle, et aucun travail, et aucun sacrifice, et aucune douleur ne lui semblent trop pénibles pour les obtenir et les mériter.

Si l'homme *pouvait* réellement résister à Dieux, Dieux, en lui donnant ce pouvoir, se serait donné à lui-même un démenti éternel !

L'homme peut faire ce qu'il veut, mais il ne choisit pas ses vouloirs. C'est l'attrait qui les détermine ; or l'attrait vient de Dieu.

Les erreurs mêmes de l'homme sont donc providentielles ; il faut le relever et non le punir lorsqu'il tombe ; il faut l'instruire lorsqu'il s'égare et non le rendre responsable de ses erreurs.

Et si l'homme qui n'a pas fait son semblable est téméraire de le punir, comment voulez-vous que Dieu venge sur son ouvrage même l'imperfection de son ouvrage ?

Ce qu'on appelle dans l'homme le libre arbitre n'est pas une liberté réelle, autrement il choisirait toujours le bien.

Est-ce qu'il est naturel de vouloir le mal ? C'est toujours l'attrait d'un bien qui détermine le choix de l'homme ; or le bien qu'il préfère est en raison du plus ou moins de justesse dans ses perceptions.

Selon son degré sur l'échelle du progrès, l'homme est animal ou demi-animal, ou être intelligent et libre.

Ne punissez pas l'animal d'obéir à ses instincts; contenez-les par la crainte et dirigez-les par l'intelligence et l'amour.

IX

L'Amour.

Aimez et faites ce que vous voudrez, a dit un Père de l'Eglise.

Or, c'est en cette parole que se résume tout l'Evangile du Saint-Esprit.

Lorsqu'on aime véritablement on est libre, car l'amour est au-dessus de tous les pouvoirs et l'emporte sur toutes les contraintes.

Ce qui fait que l'humanité n'est pas libre encore, c'est que, jusqu'à présent, elle n'a pas compris ce que c'est que d'aimer.

Jusqu'à présent on n'a compris, sous le nom d'amour, que l'entraînement d'un sexe vers l'autre.

Instinct souvent brutal, toujours égoïste, inconstant comme la vie animale dans ses phases, et plus impitoyable que l'enfer dans sa jalousie insensée !

Étrange amour qui cherche sans cesse des victimes, qui les entraîne sans remords, les saisit sans pitié, les dévore sans horreur, et en abandonne les restes vivants avec dégoût.

Étrange amour dont l'innocence doit se garder comme de la mort !

Le véritable amour est inséparable de l'intelligence et domine les instincts de la vie animale.

Le véritable amour, c'est l'élan de la volonté vers le bien et l'attrait de l'intelligence vers le vrai.

Car le bien n'est que dans le vrai, et le vrai est inséparable du bien.

Aimer une créature humaine, ce n'est pas la convoiter comme une proie, ce n'est pas la désirer pour en jouir seul ; car il y a pour la personne qui en est l'objet quelque chose de préférable à un pareil amour : c'est la haine.

Aimer, c'est vouloir le bien de ce qu'on aime, et se dévouer tout entier au bonheur d'un autre.

Aimer, c'est mettre dans un autre cœur toutes ses espérances et toute sa vie, en sorte qu'on ne souffre que des tourments qui le font souffrir et qu'on ne soit heureux que de ses joies.

Aimer Dieu, c'est aimer la vérité et la justice plus que tous les honneurs et tous les plaisirs de la terre.

Mais on ne peut aimer Dieu sans aimer les hommes, car Dieu ne se manifeste à nous que dans l'humanité, et c'est dans l'humanité qu'il veut être aimé de nous.

Celui qui a le plus aimé les hommes a été un homme-Dieu ; car, en poussant l'abnégation de lui-même jusqu'à donner sa vie humaine, il est entré par l'amour dans une vie divine.

Celui qui aime l'humanité tout entière plus que lui-même est un enfant du Christ et un continuateur de son œuvre : c'est un enfant de l'homme-Dieu.

Celui qui aime un peuple plus que lui-même mérite de régner sur ce peuple, et c'est à cette marque seulement que l'avenir devra reconnaître ses rois légitimes.

Celui qui aime son ami plus que lui-même s'élève pour cet ami au-dessus de l'humanité ; il en est l'ange gardien et la providence visible.

Celui qui aime une femme plus que lui-même mérite d'être aimé d'elle et de posséder sa beauté, car il ne la tourmentera pas de ses exigences égoïstes et ne l'abandonnera jamais.

Il a été dit aux anciens : Vous aimerez le prochain comme vous-mêmes.

Eh bien, maintenant, si vous voulez que l'amour vous sauve, aimez votre prochain plus que vous-mêmes!

Charité bien ordonnée commence par soi-même, ont dit les égoïstes, pour faire mentir l'Evangile du Christ.

Et moi je vous dis que, si vous voulez savoir vous aimer vous-mêmes, il faut commencer par aimer les autres.

Car il faut apprendre à donner pour bien recevoir, et le Christ n'a-t-il pas dit que le plus heureux c'est celui qui donne?

Egoïsme bien ordonné commence par les autres. Voilà la maxime qu'il faut opposer à celle des hommes sans amour.

Ce n'est que par un grand et intelligent amour que nous saurons vaincre nos passions et résister à celles des autres.

Le véritable amour est fort comme Dieu, et c'est pourquoi il n'a pas peur des hommes.

Et comme il domine les convoitises avec leurs désirs injustes et leurs craintes serviles, il est seul véritablement libre.

Voilà pourquoi, jusqu'à présent, pour les multitudes, la liberté n'a été qu'un mot. C'est qu'il faut affranchir intérieurement les hommes avant de briser leurs chaînes extérieures, autrement on déchaîne des bêtes féroces, et on livre le petit nombre des sages aux fureurs de la foule insensée.

Travaillez donc d'abord à votre affranchissement moral, frères qui voulez être libres, et avant d'opposer la force à la force demandez-vous si vous êtes des hommes ou des brutes, si vous obéissez à des instincts ou à la raison, si vous convoitez ou si vous aimez?

L'amour, c'est la vie; l'amour, c'est la force; l'amour, c'est la puissance; l'amour, c'est la liberté !

C'est l'amour qui crée, c'est lui qui conserve, c'est lui qui sauve, c'est lui qui régénère.

Et voilà pourquoi l'avenir appartient à la femme, car l'amour a trois phases de développement.

Il est filial d'abord, puis conjugal, puis maternel.

Ce dernier terme est le plus parfait, et c'est par lui que l'humanité communie avec Dieux (1).

La femme s'élève donc plus haut que l'homme sur l'échelle de l'amour, et quand l'amour dominera la force, la femme sera la reine du monde.

1 Flora écrivait habituellement le mot Dieu avec un x.

X

La Foi.

Il y a deux sortes de foi : la foi servile et la foi généreuse.

Jeune homme, tu dois nous croire : nous sommes des vieillards et les confidents de ton père. Il t'a déshérité et te bannit pour jamais de sa présence parce que tu l'as offensé.

— Si j'ai offensé mon noble père, c'est sans le savoir et sans le vouloir. J'irai embrasser ses genoux, je pleurerai sur sa main vénérable, et il pardonnera à son fils.

— Jeune homme, tu n'as pas en nous une confiance aveugle, et nous sommes les amis de ton père. C'est nous que tu as offensés, et, avant de le fléchir, il faut nous fléchir, car on ne parvient à lai que par nous.

— Vous êtes des vieillards, et je respecte votre âge ; mais vous déshonorez vos cheveux blancs par le mensonge, et je me défie de vous. Si vous ne proféreriez que des paroles justes, sages et honorables pour mon père, je croirais en vous comme je crois en lui. Mais vous voulez le rendre solidaire de vos mauvaises passions et de votre susceptibilité chagrine. Vous me le représentez

comme nn père sans miséricorde et sans entrailles.

Moi, au fond de mon cœur, je sens que vous ne
dites pas vrai, car je connais mon père, et je ne
crois pas en vous parce que je crois en lui.

L'amour croit tout, a dit le grand apôtre ; c'est-
à-dire que l'amour, père de la liberté, ne s'étonne
d'aucun sacrifice et ne connaît rien d'impossible.

Mais la peur, aussi, croit tout, et ne refuse la
servitude tremblante de son âme à aucune absur-
dité.

Si vous ne me croyez pas, vous brûlerez éternellement, dit le prêtre.

Et moi, répond le paria, j'aimerais mieux un
martyre éternel qu'une lâcheté d'un seul instant !

Sais-tu ce que c'est que la raison et la liberté
de l'intelligence dont tu demandes le sacrifice ?

Sais-tu que la liberté ne peut se soumettre que
librement, et qu'elle ne courbe jamais son front
pour passer sous le joug de la peur ?

Ah ! tu veux m'intimider pour me faire tuer
mon âme en la prostituant à la crainte !

Eh bien , je te dis que je ne te croirai pas et que
je défie tou enfer !

Ton Dieu, à ce qu'il paraît, ressemble à ces
proconsuls de Rome qui, d'une main, montraient

aux martyrs leurs idoles, et, de l'autre, le bûcher.

Je ne veux pas d'un Dieu qui procède comme les tyrans et qui agit comme les bourreaux.

Arrière, vieillard, avec tes mystères, dont les ténèbres de l'enfer augmentent encore pour moi les obscurités! Je ne crois pas en toi parce que je crois en Dieu!

La foi de l'homme est l'expression religieuse de son cœur; c'est sa vie morale; car, moralement parlant, l'homme sans foi est un mort.

La foi est le sentiment de la vie et de l'harmonie éternelle; la foi est la force des cœurs et le courage de l'intelligence.

La foi est le sacrifice perpétuel de nos facultés les plus nobles à la vérité éternelle.

La foi est inséparable de l'amour et de la liberté; c'est pourquoi elle est indépendante des hommes, et ne s'accorde aux hommes qu'en vue de Dieu et à cause de lui seul.

La foi seule soutient l'énergie de la volonté, et si la volonté humaine est toute-puissante, c'est par la foi.

Et comment lutterons-nous contre le présent, qui nous tue, si nous ne croyons pas à l'avenir?

Croyons à la justice éternelle, croyons à sa force irrésistible, croyons à son triomphe, et luttons avec énergie.

Si vous aviez un peu de foi, disait le Christ, si vous en aviez seulement gros comme un grain de sénevé, vous diriez à cette montagne : Ote-toi de là, et la montagne vous obéirait.

Est-ce que l'industrie n'a pas réalisé de plus grands prodiges, elle qui n'a de foi que pour l'argent et pour elle même ?

Voyez - vous l'industrie , aidée du génie de l'homme, et soutenue par sa foi en un avenir de richesse, faire bouillonner la vie dans les flancs du métal échauffé, et dire à ses coursiers de fonte : Hennissez et marchez !

La nature vaincue pousse un cri d'effroi ; le monstre de métal siffle épouvanté et comme indigné d'obéir ; au bout de sa trompe de fer, ses naseaux rougissent et étincellent ; il jette au vent sa longue et blanche crinière de fumée : il souffle avec furie et s'anime peu à peu ; il s'élance, entraînant après lui toute une cité roulante. L'air, violemment déchiré, tourbillonne autour de lui comme une tempête, et voilà les horizons qui tournent, les montagnes qui se déplacent, les collines qui s'enfuient, les arbres qui dansent en rond et semblent exécuter des marches militaires... Puis, plus près tout est confondu dans un sillage rayé de couleurs vagues et changeantes. Les corps ont disparu : tout n'est plus qu'une illus on et qu'un éclair ; la machine terrible semble dévorer les maisons, les arbres, les coteaux, et les rejeter après elle, étourdis, tournoyants et mal assurés sur leur base... Hourah ! hourah ! crie l'industrie comme le fantôme de la ballade de Lénore. Mon coursier infernal va vite... Ah ! maintenant les fantômes sont vaincus en merveilles, et c'est pourquoi ils n'osent plus sortir la nuit, tant les prodiges de l'industrie les épouvantent... Voyez-vous, là-bas, sur les hauteurs, ce dragon noir et colossal qui arrive avec la rapidité de la foudre et qui vomit des flammes !... Mais ici les hauteurs sont tranchées à pic et un torrent roule dans la vallée profonde ; le monstre ne nous atteindra pas... O terreur ! il a passé sur le vide... Entendez-vous comme il souffle ? Le voici ! le voici ! Il traîne après lui dans l'air un nuage ardent comme un étendard infernal ; il jette au vent des milliers d'étincelles, et une sueur de feu s'échappe de ses flancs et laisse un reflet rouge sous ses pieds invisibles. Il est près de nous ! il passe en grondant comme la tempête ! Mais il est rapide comme l'éclair..... Où est-il ? Nous avions rêvé, sans doute... Hourah ! hourah ! dit l'industrie.

—Non , arrêtez, répond la haute et antique montagne... Vous ne gravirez pas mon sommet escarpé, et je vous briserai si vous vous heurtez à mes flancs...

— Le coursier hennit et accourt : il se plonge comme un glaive dans le flanc de la montagne qui gémit. Le hennissement terrible retentit et s'éloigne dans les entrailles de la terre où le dragon a disparu ; déjà un sifflement aigu l'annonce à d'autres campagnes ; la montagne qui l'a englouti sans pouvoir l'arrêter le revomit superbe et triomphant ; un palais magique, illuminé comme pour une fête, semble accourir au-devant de lui. Là, tout un peuple attend le passage ou le retour de la cité roulante ; le coursier métallique pousse un cri de joie et semble impatient de se reposer ; son souffle haletant s'épuise ; il s'arrête... Ce n'est plus qu'une machine de fonte et de cuivre, une masse lourde et sans vie que les chevaux les plus vigoureux ébranleraient à peine.

C'est par la foi qu'un simple prêtre a bâti un temple magnifique ! L'église de Saint-Sulpice, dont je vois les tours de ma fenêtre, me rappellent à chaque instant les miracles de la foi !

Et moi aussi j'ai cru, et alors j'ai fait bien plus que de déplacer des montagnes et de tirer l'eau du rocher stérile !

J'ai associé malgré lui un siècle égoïste à mon œuvre ; mon enthousiasme a triomphé de son indifférence ; j'ai cru et j'ai réalisé des ressources pour mon œuvre, et vous oseriez dire, parias, mes frères et mes sœurs, qu'il est impossible de vous sauver !

Vous pourrez quand vous voudrez, vous voudrez quand vous croirez, et vous croirez quand vous aimerez !

XI

La Liberté.

Le despotisme a été l'émancipation violente de l'aristocratie. La force brutale, lorsqu'elle veut se faire libre, asservit nécessairement les faibles, et le tyran est celui qui s'affranchit des devoirs d'homme pour donner à ses passions un essor effréné. La fausse liberté est donc sœur de la tyrannie, et la licence veut nécessairement des esclaves parce qu'il lui faut des victimes.

Or, tant que les passions brutales se disputeront le droit à la licence, il n'y aura pas de liberté possible sur la terre.

L'aristocratie, c'est-à-dire l'égoïsme de la domination, n'est pas seulement le partage des grands ; elle ronge aussi les entrailles du peuple et se trahit par des cris de rage et d'envie !

Oui, voilà le grand malheur des classes souffrantes : c'est que le pauvre méprise le pauvre et se fait le servile admirateur du riche qu'il déteste et qu'il envie !

Et de quel droit, misérables envieux, voulez-vous dépouiller le riche, vous qui, à sa place, seriez plus durs et plus insolents que lui ?

Il a gagné ses richesses par la fraude, je le veux ; héritier des voleurs, il est lui-même sans conscience : cela peut être. Mais vous, de quel droit voulez-vous le supplanter par la force ?

Est-ce que le brigand qui égorge est préférable au fripon qui fraude ?

Frères qui voulez la communauté entre les hommes, vous voulez ce que le Christ lui-même a voulu.

Mais sachez que la communauté du Christ doit avoir pour fondement le triomphe de la justice et non la réaction des passions brutales.

Avant de songer à combattre pour la liberté, méritez le nom d'hommes libres !

Soyez un peuple si vous voulez avoir des droits à la souveraineté du peuple.

Soyez un peuple, et vous verrez s'il y aura des tyrans qui puissent tenir devant vous !

Quand un peuple vraiment peuple est debout

pour sa liberté, aucun pouvoir humain ne lui résiste. — Cette grande et belle parole a été attribuée au chef actuel du gouvernement français.

Si elle était de lui elle suffirait pour répondre, au nom de ce roi, à toutes les injures des partis.

De quoi vous plaignez-vous puisque vous obéissez ? Comme on connaît les hommes on les gouverne. Vous n'êtes pas un peuple, vous êtes des écoliers, et le maître a raison s'il vous châtie.

En vérité, je vous le dis encore, vous ne serez libres qu'autant que vous saurez aimer ; et comment le saurez-vous si vous ne voulez rien apprendre de la femme ?

———

XII

La Religion.

La vraie religion c'est l'amour de Dieux [1] vivant dans l'humanité !

Arrière maintenant les langes du symbolisme, arrière les nuages de la fable et de la légende ! Affranchissez l'amour pour que l'amour vous rende libres !

[1] En ajoutant un x au mot Dieu, Flora voulait exprimer la pluralité dans l'unité. C'est l'*Eloïm* des Hébreux.

Dieux est simple et unique en trois termes, comme l'humanité, son image.

Il y a en lui le principe générateur, le principe qui conçoit et enfante, et l'enfantement formulé qui est le monde.

Le principe générateur est intelligence et amour ; le principe qui conçoit est activité et force, et le résultat de son opération s'appelle les lois de la nature.

Dans l'humanité il y a le père, la mère et l'enfant.

Dieux est à la fois le père et la mère, et le monde qui s'agrandit et se perfectionne sans cesse dans le sein de Dieux est comme l'embryon merveilleux de cette génération éternelle.

Il se révèle à notre intelligence comme le soleil à nos yeux, et à notre cœur comme la chaleur à nos membres.

Mes frères les parias, croyez en Dieux, car, sans lui, l'appétit de la brute seul doit être la règle, et la force doit faire la loi.

Quoi ! vous dites que les hommes sont frères, et vous reniez le père commun des hommes !

Mais s'il n'y a ni Dieu ni révélation, comment saurez-vous le degré de fraternité qui peut exister entre des êtres si différents, entre le fort et le faible, entre l'homme rusé et le pauvre idiot ?

Est-ce que l'un ne semble pas fait pour commander à l'autre, et celui qui a besoin de tutelle ne semble-t-il pas né pour obéir ?

Qui fera la loi? Qui réglera les droits de l'un et de l'autre ?

Les plus forts et les plus intelligents feront toujours la loi et la feront dans l'intérêt de leurs passions, puisque le matérialisme doit légitimer toutes les passions.

Ainsi, après avoir combattu comme des brigands pour voler les riches, vous serez riches à votre tour et vous prendrez vos mesures pour qu'on ne vous fasse pas ce que vous aurez fait aux autres ; et vous serez des tyrans pires que les premiers, vous demanderez votre sécurité à la force brutale qui est la seule puissance matérielle, et vous empêcherez le peuple de s'instruire afin qu'il ignore ses droits.

Voilà où vous conduisent fatalement l'athéisme et le matérialisme que vous invoquez comme des moyens d'affranchissement.

Telles ne sont pas les convictions des disciples du Christ et des apôtres de la communauté chrétienne.

Certes, nous ne voulons pas commencer par nous excommunier du progrès religieux de l'intelligence pour revendiquer nos droits à la fraternité universelle.

Nous n'avons plus à craindre la fourberie des mauvais prêtres, nous ne croyons plus à une révélation aristocratique confiée par miracles à des privilégiés.

Nous ne cherchons pas Dieu hors de l'humanité; il est en nous et nous sommes en lui; il se révèle dans le développement des deux facultés de notre âme : l'intelligence et l'amour. Heureux ceux qui ont le cœur pur, car ils verront Dieu, a dit le Sauveur.

Conçu par l'intelligence, son culte intérieur est la philosophie ; rêvé par l'amour, il s'appelle religion.

Or, la religion est une et multiple comme la pensée humaine, étendue jusqu'à l'infini par les aspirations de l'amour. Elle a germé dans l'humanité comme un arbre superbe qui a eu son développement et ses phases; les fables gracieuses de l'Hellénisme ont été les fleurs de cet arbre chéri des poëtes, et les dogmes chrétiens en ont été les fruits.

Orphée, Confucius, Socrate, Platon ont été, comme Moïse et Jérémie, les précurseurs de l'Homme-Parfait, du Verbe incarné, de l'Homme-Dieu.

Pourquoi l'idée d'un Homme-Dieu rebuterait-elle votre raison ? Ne sommes-nous pas tous participants de l'Être de Dieu ! et pourquoi alors le chef et le modèle de l'humanité ne s'appellerait-il pas l'Homme-Dieu par excellence ?

Malheur à qui ne voit dans le progrès de la raison humaine resplendir le soleil de la vérité éternelle ! malheur à qui peut croire que l'humanité s'est trompée et que Dieu l'a laissée pendant des siècles courbée sous le joug de l'erreur !

Ne souriez pas des antiques honneurs de Jupiter, vous qui vénérez le décalogue de Jéhova !

Ne blasphémez pas le nom d'Apollon, vous qui adorez le Christ, car sous deux noms différents c'est le Logos de Platon et le Verbe des chrétiens !

Honte à ces Vandales dont le marteau menace encore nos basiliques, et qui, pour nos bibliothèques, rallument les flambeaux d'Omar !

Honte et flétrissure éternelle à ces prétendus communistes qui veulent exproprier l'humanité de son progrès et de son Dieu !

Gloire aux douces et riantes divinités de l'Olympe, résumées dans le Dieu unique de Socrate et de Jésus !

Gloire à la Vierge du catholicisme, ce symbole si plein de grâce et d'amour de la femme régénérée ! Gloire aux saints de la légende, ces mystiques personnifications des vertus spiritualistes ! Gloire au nom d'Eglise catholique, ce nom plein d'avenir qui veut dire association universelle !

A nous maintenant l'héritage des siècles, à la science de lever le voile des mystères. C'est l'intelligence et l'amour qui désormais feront les prêtres comme ils ont fait de tous temps les voyants et les prophètes !

A nous de réaliser maintenant la communion universelle, la communion de tout à tous et de tout à chacun !

Au nom du Christ et de ses apôtres, au nom de Platon et de ses disciples, au nom de Thomas Morus le martyr, au nom de tous les grands hommes du christianisme, faites cesser l'individualisme qui vous sépare. Comprenez bien que le mot propriété est l'opposé du mot communion, et que si la communion est le résumé de l'idée religieuse parce qu'elle réunit les hommes, l'appropriation est le principe constitutif du mal parce qu'elle les divise et les force à combattre les uns contre les autres.

Le ciel est une communion éternelle, l'enfer une propriété disputée éternellement.

XIII

Le Bien et le Mal.

Frères , bannissez d'abord de votre cœur tout sentiment de haine et de vengeance !

Si la société est mauvaise, tous les membres de la société en souffrent : et les oppresseurs ne sont pas moins malheureux que les opprimés.

Oh ! si le pauvre savait tout ce qu'il y a d'angoisses et de tortures sous les superbes habits du mauvais riche, il en aurait lui-même pitié !

Si les hommes sont mauvais c'est qu'ils ignorent encore le vrai bien, et que comme des enfants ils s'asservissent aux cupidités animales.

Il ne faut rêver d'autres violences contre les méchants que de les contenir comme on contient les malades que la fièvre rend furieux, ou de les guérir malgré eux, comme on fait aux pauvres insensés !

Sans doute qu'il faut s'unir pour résister au mal ; sans doute qu'il faut protester à toutes les heures et à tous les instants; sans doute qu'il faut repousser la force injuste par la force de la justice.

Mais que ce ne soit pas pour nous venger de ceux qui nous oppriment. Songeons plutôt à les délivrer de leur tyrannie, qui n'est pas moins lourde pour eux que n'est pour nous l'esclavage qu'ils nous imposent !

Ne nous rallions pas au cri de : Mort aux tyrans ! Crions : Mort à la tyrannie ! et que tous les hommes soient sauvés.

S'il faut combattre, que ce soit pour conquérir la paix au nom de la justice ! Si jamais il doit lutter encore, du moins le peuple, instruit par la triste expérience d'une révolution avortée, n'ensanglantera plus sa victoire ; car toute vengeance est absurde, et toute pénalité est vicieuse.

Ceux qui font le mal sont des malades dans l'ordre moral. Or, on ne s'irrite pas contre les malades et l'on ne cherche pas à les faire mourir ; on les soigne et on les guérit.

Quand les hommes seront plus sages, la pénalité sera remplacée par l'hygiène morale, et les criminels seront traités dans des hospices spéciaux comme des aliénés ou des enfants malades !

Croyez-vous que, sciemment et volontairement, l'homme puisse jamais choisir le mal, lorsqu'il pourrait faire le bien !

Ce sont les infirmités de l'intelligence qui dépravent la volonté et lui font faire un mauvais choix en la leurrant par l'attrait d'un faux bien !

Tout péché est une chute pour l'âme ! Et la société est une mère brutale et inintelligente quand elle punit ses enfants d'être tombés.

Il faudrait, au contraire, leur tendre la main, les relever et les guérir.

La société devrait prendre le deuil quand le frère a tué son frère, et il faudrait expier ce forfait par des efforts héroïques de charité et de conciliation entre les hommes. Le moyen d'expier un meurtre, ce serait de sauver un homme.

Au lieu de cela, vous savez comment on agit à notre époque d'enfance et de barbarie.

Pour expier un meurtre, on en commet solennellement un second, et pour prouver à l'insensé qu'il n'est jamais permis de tuer son frère, on le tue.

Oh ! pitié profonde pour ces pauvres sauvages qui s'appellent civilisés !

Pitié pour cette société de bourreaux qui torture et démoralise les âmes par la misère, et qui remédie avec la hache aux désordres occasionnés presque toujours par la faim !

Pitié profonde pour ces malheureux qui nous maudissent et qui nous croient leurs ennemis, parce que nous voulons les sauver de l'enfer de leurs propres institutions !

Laissons crier ces insensés, et continuons notre œuvre. Guerre implacable aux abus, paix et miséricorde aux hommes !

Sachons bien que céder à l'injustice c'est être complice de l'injustice. Opposons d'abord aux crimes sociaux une résistance passive ; puis, si l'on veut nous contraindre à l'iniquité par la force... on nous trouvera tous ensemble !

Nous sommes sans colère et sans haine, nous sommes forts de nos droits; nous avons foi en l'avenir et nous sommes déterminés à vaincre, parce qu'il le faut et que le temps en est venu. Ainsi donc, frères qui voulez être nos maîtres, croyez-nous, faites-nous justice et ne nous attaquez pas!

Quant à vous, mes frères et mes sœurs, je n'ai qu'à vous répéter le mot d'ordre du Christ : Simplicité de la colombe dans les fins, prudence du serpent dans les moyens.

Ne vous heurtez pas inconsidérément contre la force, vous seriez brisés : usez la force par l'inertie, et déjouez-la par la ruse.

Pourquoi laisseriez-vous à vos ennemis les avantages d'une lutte intelligente? Opposez à leur jésuitisme infatigable une adresse plus que jésuitique !

Vous ne devez pas la vérité aux menteurs, vous ne devez pas de confiance aux voleurs, vous ne devez pas de dévouement aux assassins !

Faites pour le bien ce qu'ils font pour le mal. Qui veut la fin veut les moyens !

Ceux qui se laissent battre volontairement trahissent leur propre cause. Eh, pourquoi donc céderiez-vous, si vous avez raison ?

XIV

L'Évangile et la Femme guide.

L'Évangile n'a pas commencé il y a dix-huit cents ans, car sa morale est éternelle.

Le Christ a résumé l'évangile de l'humanité et la morale universelle dans le dogme de l'unité divine et humaine.

Dans son discours sur la montagne il s'est appuyé sur les doctrines du passé et leur a seulement fait faire un pas.

L'Évangile, dans son acception la plus large, c'est la vérité universelle manifestée par la parole ou par le Verbe.

Au commencement était la parole, dit l'Évangéliste, et la parole était en Dieu.

Et Dieu même était une parole vivante.

Tout a été fait par elle, et rien de ce qui se fait ne se fait sans elle !

Elle est la vie, parce que la vie de l'intelligence, c'est la lumière.

Et cette lumière s'est rendue visible aux ténèbres qui l'ont repoussée. Mais elle n'en a pas moins brillé ; et ceux qui l'ont vue savent maintenant ce qu'il faut faire pour être les enfants de Dieu.

Car la parole est devenue palpable, le Verbe s'est fait chair et il a habité au milieu de nous.

Ainsi l'Evangile est l'idée de la perfection humaine manifestée par la parole et les exemples d'un type vivant, qui est Jésus.

Mais Jésus, l'homme symbolique, n'a accompli encore que la première phase de son existence : il a su d'abord se résigner et mourir ; il faut maintenant qu'il ressuscite et qu'il triomphe.

Après la résignation, la protestation. Après le martyre, le jugement des bourreaux. Après les angoisses de la mort, la plénitude de la vie.

Il faut maintenant que le Christ achève son ouvrage et qu'il remonte sur la montagne pour nous instruire ; mais cette montagne ne doit plus être le sanglant Calvaire ; nous l'attendons sur le glorieux Thabor, non plus veuf et isolé comme autrefois, mais appuyé sur la femme guide !

Alors il prendra la parole pour proclamer de nouvelles béatitudes.

Heureux, dira-t-il, ceux qui sont riches d'intelligence et d'amour, car ils seront les princes du ciel et les rois de la terre !

Heureux ceux qui ont le courage de leurs convictions, car ils triompheront du monde !

Heureux ceux qui ont souffert et qui essuient leurs larmes en disant : Il est temps d'agir, parce qu'ils étaient des enfants et qu'ils sont devenus des hommes !

Heureux ceux qui ne songent qu'à délivrer l'humanité de ses maux et non à venger leurs propres injures, car tout leur sera pardonné.

Heureux ceux qui voient Dieu par leur intelligence et leur amour et qui n'ont pas besoin de la doctrine des hommes !

Heureux ceux qui protestent et qui combattent sans colère parce qu'ils sont forts comme Dieu même !

Heureux ceux qui pour avancer le règne de la justice commencent par faire justice, car ils possèdent ce qu'ils désirent.

Heureux ceux qu'on a persécutés et qui triomphent sans vengeance, car ils sont les enfants de Dieu et les imitateurs de son Christ.

Je vous dis en vérité, que si votre justice n'est pas plus abondante que celle des prêtres et des moines, vous ne pouvez pas être libres de leurs enseignements et de leurs pratiques étroites.

Je vous avais dit : Celui qui insultera son frère méritera un jugement; et maintenant je vous dis : Celui qui ne s'inquiètera pas des nécessités de son frère méritera une condamnation.

Si donc, lorsque vous êtes à table avec votre famille, vous apprenez que votre frère n'a pas de quoi se nourrir avec sa femme et ses enfants,

Laissez là votre festin commencé, allez porter la moitié de votre pain à votre frère et vous pourrez ensuite vous réjouir avec votre famille, et je considérerai votre repas comme un sacrifice eucharistique.

Je vous ai dit qu'un mauvais regard sur la femme d'un autre était un adultère; et maintenant je vous dis qu'un regard de jeune fille acheté à prix d'or est une prostitution; et que celui qui marie une jeune fille contre son cœur en fait tout à la fois une prostituée et une adultère.

Car la femme prostitue son corps quand elle se livre à celui qu'elle n'aime pas, et, comme elle en désire un autre, elle cache l'adultère dans son cœur !

Je vous ai dit qu'abandonner sa femme c'était la prostituer.

Et maintenant je vous dis que, si vous prostituez une femme, vous outragez votre mère, et que, si vous insultez une femme, vous outragez la nature !

Je vous ai dit : Ne faites pas de serment, votre parole suffit; et je vous dis : Ne vous contentez jamais de paroles quand vous pouvez agir.

Je vous ai dit de ne pas résister personnellement à ceux qui vous injurient et qui vous dépouillent ; vous l'avez fait et ils n'en ont pas été touchés.

Maintenant je vous dis : Ne vous défendez pas, mais défendez vos frères. Ne livrez pas vos femmes et vos filles à l'outrage des riches et vos enfants à l'exploitation des voleurs.

Ne vengez pas vos propres injures, sauvez la justice outragée.

Pardonner le mal qui est fait c'est bien, mais il vaut mieux empêcher le mal de se faire.

Je vous ai dit d'aimer vos ennemis et de prier pour eux, et maintenant je vous dis : Ce n'est pas assez de prier pour les méchants, il faut les délivrer d'eux-mêmes. Les méchants sont des malades que la fièvre rend furieux; ne les abandonnez pas à eux-mêmes, ce serait une cruauté.

La prière doit toujours précéder l'action; mais l'action doit suivre la prière.

Vous avez invoqué votre Père qui est au ciel, et votre Père vous a entendus : maintenant il faut agir, légalement et pacifiquement !

Je vous ai dit de chercher le royaume de Dieu et sa justice et que le reste vous serait donné par surcroît, et cependant vous avez faim, vous avez soif et vous n'êtes pas vêtus : le royaume de Dieu n'est donc pas encore trouvé.

Mais vous savez où il est et vous en connaissez

la porte; seulement, les riches avares et les maîtres sans foi vous empêchent d'entrer.

Serrez-vous les uns contre les autres et avancez; opposez votre mouvement persévérant à leur inertie obstinée; il faudra bien qu'ils reculent et qu'ils vous laissent passer.

A moins que, touchés de repentir, ils ne se tournent pour rentrer avec vous, et vous les recevrez avec une grande joie.

Car, direz-vous, nous avions perdu nos frères et nous les avons retrouvés; ils étaient morts, et ils sont vivants!

C'est alors que la mère se réjouira de voir tous ses enfants réunis.

C'est alors que la douce figure de la femme-guide rayonnera, chaste et pure, dans sa tunique blanche, à là tête du progrès humanitaire.

Souriante et une branche de myrthe à la main elle conduira son troupeau fidèle vers les pâturages de Dieu.

La colombe symbolique l'ombragera de ses ailes, et tous les cœurs, réunis dans l'amour paisible de son harmonieuse beauté, se sentiront rajeunis et pleins de naïves espérances!

Car c'est la mère qui unit la famille si c'est le père qui la nourrit.

La femme est la reine de l'harmonie et c'est

pourquoi elle doit être à la tête du mouvement régénérateur de l'avenir.

Car, pour que vous viviez en frères, il faut que la mère vous apprenne à vous entr'aimer !

XV

La Communion.

Pères et mères qui ne croyez plus à l'autorité de l'Eglise, vous voulez cependant que vos enfants fassent leur première communion, et vous croiriez manquer à vos devoirs naturels si vous ne leur imposiez pas ce devoir religieux.

Et en cela vous n'êtes plus conduits par une croyance raisonnée, mais par cet instinct sacré qui fait vivre les religions au cœur des masses.

Oui, vous faites bien d'envoyer vos enfants à l'église et de les faire admettre à la première communion, vous qui attendez encore la seconde.

Car dans ce symbole est contenue la religion avec ses promessses de liberté, d'égalité et de fraternité.

Qu'est-ce que la première communion ? C'est l'admission au banquet où les hommes fraternisent entre eux et avec Dieu même.

Là, il n'y a ni riches ni pauvres ; tous ont une part égale au pain que le Christ a payé de son sang et de sa vie et qu'il a pu ainsi léguer aux générations futures en leur disant : C'est ma chair et mon sang !

Symbole qui, depuis dix-huit cents ans et plus, proteste hautement contre l'appropriation égoïste et meurtrière et qui n'a pas encore été compris.

Cherchez un mot qui soit l'opposé direct et absolu de communion : j'en suis fâché pour ceux à qui cela peut causer de l'ennui, mais c'est propriété. Consultez la grammaire.

Certes je suis loin de vouloir manquer de respect à la propriété, ce dieu sourd et aveugle de notre malheureuse époque ; mais j'ai un avertissement sérieux à donner aux hommes qui en propagent le culte et qui le défendent contre toutes les attaques, même de la raison.

Vous êtes propriétaires et vous faites communier vos enfants avec ceux de vos ouvriers et de vos domestiques ! Prenez garde !

Vous êtes propriétaires et vous admettez le christianisme comme base de l'enseignement qu'on donne au peuple !.. : Prenez garde encore une fois !

Prendre garde, et pourquoi donc ? Est-ce que

la morale chrétienne ne condamne pas formellement les voleurs ?

Oui certes, elle les condamne ; et c'est ce qui devrait faire trembler la plupart d'entre vous.

Mais répondez, je vous prie, aux questions que je vais vous faire.

Le Christ s'est-il donné et a-t-il été reçu par les vrais chrétiens, non-seulement comme un docteur, mais comme un modèle ? — Oui.

A-t-il possédé ou voulu posséder quelque chose au monde ? — Non.

A-t-il jamais parlé en faveur de la propriété ? — Non.

A-t-il imposé la désappropriation comme une condition de salut ? — Oui.

A-t-il dit qu'un câble passerait plus facilement par le trou d'une aiguille qu'un riche par la porte du ciel ?

A-t-il défendu à ses apôtres de posséder et de s'approprier quoi que ce soit ?

A-t-il établi une telle solidarité entre les hommes que la souffrance d'un seul doive être la souffrance de tous, et que l'insulte ou l'injustice faite à un seul soit faite à lui-même, c'est-à-dire à Dieu ?

A-t-il dit que si quelqu'un disputait à un chrétien sa tunique, le chrétien devait donner encore son manteau ?

A-t-il voulu constituer l'unité divine et humaine, et la communion en est-elle le symbole ? — Oui, toujours oui.

Les premiers chrétiens, disciples et frères des apôtres, ont-ils dû mieux comprendre que nous les intentions du Christ ?

Ont-ils mis tout en commun ?

Saint Pierre, le chef de la communauté chrétienne, a-t-il puni de mort Ananias et Saphyra pour fait d'appropriation furtive et de soustraction frauduleuse de leur propre bien à la communauté ?

Aucun des Pères et des docteurs catholiques a-t-il jamais osé désavouer les apôtres et blâmer les maximes et les pratiques de la primitive Eglise ?

Maintenant, dites-moi ce qui empêche les hommes de penser à Dieu ? n'est-ce pas le souci de gagner de l'argent ?

Quelle est l'unique source de leurs divisions et de leurs crimes ? n'est-ce pas la propriété et ses convoitises ?

Quelle est la base de l'individualisme égoïste ? Par quoi les hommes sont-ils séparés en castes ? D'où vient l'aristocratie ? D'où vient qu'il y a des parias ? N'est-ce pas de la propriété ?

Ce sont des faits que je constate ; si je me trompe, qu'on me le dise ; je demande seulement qu'on me réponde oui ou non. Du reste, je ne touche pas ici à la propriété légale, et j'examine seulement la chose au point de vue religieux et chrétien.

Or je crois avoir assez clairement et solidement établi que le christianisme, résumé dans la communion, et la civilisation moderne, résumée dans la propriété, sont tellement opposés l'un à l'autre et dans les mots et dans les choses, que l'un doit nécessairement détruire l'autre, et que, si la société croit dangereuses les idées du communisme spiritualiste, il faut qu'elle brûle l'Evangile et qu'elle proscrive le nom de chrétien, afin que jamais on ne donne aux enfants du peuple des droits et des idées étranges en les faisant communier à la table de Dieu.

On me demandera peut-être pourquoi, moi qui parle ainsi, je ne me suis jamais approchée avec ma fille de la communion catholique.

C'est que je ne pouvais ni ne voulais livrer ma dignité de femme aux questions impures d'un prêtre.

C'est que je ne voulais pas livrer à ces hommes l'innocence morale de ma fille.

Car le célibat des prêtres est selon moi une chose impie, et les assiduités des femmes au confessionnal une sorte de profanation des droits de la nature.

Est-ce donc pour séduire les âmes de nos filles qu'ils renoncent à avoir une femme pour légitime épouse !

Le mariage spirituel est beau, sans doute, et je le comprends, moi qu'on a fait passer pour une femme débauchée parce que je règne assez sur mes sens pour dédaigner la pruderie !

Mais ce mariage ne doit pas être clandestin : il faut qu'il soit libre d'admettre, s'il veut, l'amour des sens, afin d'en triompher volontairement.

Quoi ! désirer sans cesse et n'oser pas ! et mentir toujours et respirer furtivement un souffle qui vous donne la fièvre et dissimuler dans des capucinades hypocrites les émotions passionnées du désir !... Fi ! c'est infâme !

XVI

L'Antechrist.

Le monde moral a son mouvement de gravitation comme le monde physique, et il tourne sans cesse autour d'un centre lumineux qui est la vérité éternelle.

Il a aussi ses jours et ses nuits, ses printemps et ses hivers.

Le genre humain cherche par des oscillations

continuelles son centre de gravité, qui est l'absolu.

Ainsi dans toute grande action intellectuelle et morale se trouve un principe de réaction, et l'opinion va et vient comme le balancier d'une horloge, parce que le mouvement la pousse aux extrêmes et que son centre de gravité l'attire sans cesse.

C'est d'après ce principe que le monde antique, fatigué de son luxe sensuel, a pressenti la réaction chrétienne, réaction essayée par le stoïcisme et poussée à l'extrême par les ascètes du désert.

Mais ce que le christianisme eut d'excessif prépara un triomphe nouveau à la chair, et les voyants de la primitive église annoncèrent le règne futur de l'Antechrist.

L'Antechrist, c'est l'homme animal qui se met à la place de Dieu et qui s'adore.

C'est la négation de tout ce que le Christ est venu affirmer et l'affirmation de ce qu'il a nié!

Le Christ a dit : Aimez-vous les uns les autres comme je vous ai aimés, c'est-à-dire, s'il le faut, jusqu'à la mort.

L'Antechrist dit : Chacun chez soi et chacun pour soi.

Le Christ a dit : Heureux les pauvres!

L'Antechrist dit : Heureux les riches!

Le Christ a dit : Donnez.

L'Antechrist dit : Exploitez et amassez.

Le Christ a dit à la pauvre femme pécheresse : Beaucoup de péchés te sont remis parce que tu as beaucoup aimé.

L'Antechrist lui dit : Tu es éternellement flétrie.

Le Christ a dit : Pardonnez les injures.

L'Antechrist dit : Dévorez les affronts pour parvenir, et vous vous vengerez plus tard.

Le Christ s'est sacrifié pour le peuple.

L'Antechrist sacrifie l'humanité tout entière à son égoïsme.

Le Christ a été vendu, l'Antechrist vend la religion et ses prêtres.

A ces caractères, qui peut méconnaître le génie de notre malheureuse époque?

Oui, la grande nuit intellectuelle et morale a remplacé le beau jour du Christianisme; mais nous attendons une autre aurore.

Plus la nuit, maintenant, est profonde, plus le jour qui suivra sera éclatant et radieux.

Veillez, enfants de la lumière, et ne vous laissez pas engourdir par le sommeil de mort qui enchaîne les enfants de la nuit.

Serrez-vous les uns contre les autres et encouragez-vous mutuellement, car l'heure de votre délivrance approche!

Protestez contre l'Antechrist et contre ses doctrines impies par votre union, par votre dévouement les uns pour les autres, par un amour immense de la justice !

Séparés les uns des autres, vous êtes faibles ; unissez-vous, vous serez forts.

Ne protestez pas contre la violence par d'autres violences, mais unissez-vous tous pour demander justice, et vous l'obtiendrez.

Aspirez de toute votre âme à des lois plus parfaites, mais soumettez-vous d'abord à celles qui régissent la société, afin d'être protégés par elles.

Demandez et vous recevrez, cherchez et vous trouverez, frappez et l'on vous ouvrira.

Que votre protestation ne se rebute jamais, qu'elle emprunte toutes les voix, qu'elle prenne toutes les formes, excepté celles de la révolte et du désordre ; soyez toujours ensemble et prêts à répondre les uns pour les autres, vous verrez que vous serez forts.

Peu à peu, et sous la tutelle même des lois, organisez-vous en association unitaire, comme la primitive Eglise, sans rassemblements et sans troubles ; ayez dans toutes les provinces vos pères et vos surveillants, et faites des collectes pour ceux qui sont dans le besoin.

Recommencez, en un mot, l'association chrétienne sur un plan plus raisonnable et plus large; vous ne pourrez quelque chose qu'autant que vous serez unis.

C'est ce que vous dit une femme qui s'enorgueillit du nom de paria, et qui, à l'exemple du Christ, veut donner sa vie pour vous.

Et vous direz d'elle un jour : N'est ce pas cette femme qui prêchait au peuple l'association pacifique, et qui voulait, avec les liards des pauvres, doter les vétérans du travail d'une retraite plus que royale[1]!

Rappelez-vous cette parabole évangélique où il est dit qu'avec cinq pains d'orge et quelques petits poissons le Christ a nourri tout un peuple.

C'est que l'association vraiment fraternelle multiplie les moindres ressources d'une manière miraculeuse.

Pour avoir le droit de se dire vraiment chrétiens, il faut pratiquer immédiatement la communauté.

Or, songez-y bien, la communauté doit être volontaire, et la désappropriation forcée, dans le sens absolu, est inique.

Le droit actuel de propriété, étant reconnu de

____

[1] Madame Flora Tristan prévoyait alors sa fin prochaine.

tous, ne peut se transformer entièrement que par le consentement de tous.

Ainsi, pour établir le règne de Dieu et la richesse de tous, il ne faut rien prendre à personne, mais chacun peut donner ce qu'il a.

La communauté serait établie sur toute la terre, et un seul riche s'excommunierait lui-même parce qu'il voudrait garder ses biens; il en aurait le droit, et l'on devrait respecter tout ce qui serait à lui!

Seulement on le regarderait comme un mauvais frère, et on l'inviterait à rentrer en lui-même. On lui ferait tout le bien qu'on pourrait pour lui donner un salutaire exemple, et à la fin, sans doute, il en serait touché.

Toutefois, ne perdons pas l'énergie de notre âme dans des rêves, et ne bâtissons pas notre communauté au pays des chimères.

On peut transformer la propriété, mais on ne peut abolir la possession.

Seulement la possession doit être réglée par des lois *communionistes*, si l'on veut me passer ce mot qui exprime seul ma pensée.

La loi devra régler l'usage de la possession et en proscrire l'abus. Tous se devront à tous, et la société surveillera le besoin, pour le prévenir, avec autant de soin qu'elle surveille à présent les complots et les crimes pour les faire avorter ou les punir.

Tout appartient à Dieu, et les hommes ne sont que les fermiers de la terre.

L'un est fort et adroit, l'autre est faible et inexpérimenté ; donc la récolte de l'un doit nécessairement être plus abondante que celle de l'autre.

Mais Dieu veut que le fort soit le tuteur du faible, et qu'au lieu de l'exploiter et de l'asservir pour s'enrichir davantage il l'aide à travailler et lui donne de son superflu.

C'est donc la charité que nous voulons établir à la base du droit social, afin qu'elle ne soit plus seulement une vertu religieuse, mais un devoir politique.

C'est le règne du Christ que nous appelons de tous nos vœux, et nous avons la ferme conviction qu'il ne peut manquer d'arriver.

Mais pour qu'il commence plus vite, réalisons d'abord entre nous l'association humanitaire.

Organisons un service d'assistance mutuelle entre les pauvres et entre les corps d'état ; demandons avec persévérance le droit au travail, et protestons par tous les moyens légaux contre l'exploitation injuste.

La force intelligente est infiniment plus puissante que la force brutale; opposez donc la résistance morale à l'oppression matérielle, agissez ensemble et vous triompherez.

———

XVII

Le Catholicisme, ou l'Association universelle.

Si je proteste au nom des parias contre la société marâtre qui les repousse, ce n'est pas pour diviser, c'est pour réunir!

En demandant pour l'avenir des lois meilleures, je me soumets aux lois présentes.

Luther, ce grand initiateur de la liberté de conscience, a été un instrument aveugle de la Providence pour produire un grand mouvement dans le monde; mais il n'a rien fondé et a frappé de mort sa réforme en la séparant de l'Eglise universelle!

Pour faire une œuvre durable, il fallait attaquer les abus et respecter le dogme; il fallait rester catholique malgré le pape et ne protester que contre l'excommunication!

Le catholicisme, comme dogme, est la synthèse religieuse la plus avancée; c'est une conquête de l'esprit humain à laquelle personne ne doit attenter. C'est un symbolisme qu'on peut et qu'on doit expliquer, mais auquel il n'est permis de rien changer.

L'Église a été infaillible dans la construction de ce grand monument hiéroglyphique ; elle en a déterminé tous les signes du consentement de la société dont elle était la mère ; or, maintenant que l'édifice du dogme est achevé et que l'Église n'a plus rien à décider, pourquoi demandez-vous si elle est encore infaillible ?

Pendant un temps, les pontifes de Rome furent des protestants sublimes qui luttaient pour les peuples contre les rois, et qui opposaient seuls une digue aux empiétements effrénés du despotisme des empereurs.

Si maintenant le pape fait défaut à la cause populaire, c'est que le peuple, sans doute éclairé maintenant sur ses droits, n'a plus besoin du pape pour les défendre.

Le pontife de Rome n'est plus qu'une grande ombre du passé et un souvenir vénérable ; c'est le vieil architecte du temple qui n'a plus rien à faire parce que le temple est bâti.

Maintenant, c'est inutilement qu'on veut matérialiser le culte et immobiliser les symboles ; le germe de vie les travaille, et tandis que les prétres font garder le sépulcre vide, le Christ ressuscité va reconquérir le monde avec l'aide de sa mère.

Car si les pharisiens se sont emparés du temple, ils n'ont pu s'emparer de Dieu.

Peuple, si tu veux être sauvé, sois sincèrement chrétien, et base ton instruction religieuse sur les institutions de l'Église universelle.

Pauvres parias qu'on veut excommunier, sachez que vous êtes la famille du Christ, et attendez patiemment le retour du père de famille, c'est-à-dire la réaction chrétienne et philosophique contre le nouveau pharisaïsme des Juifs modernes qui vous ferment l'Église de Dieu !

Le catholicisme ne peut cesser d'être universel, et ceux qui veulent en faire une secte s'excommunient eux-mêmes de la société des enfants de Dieu et usurpent un nom qui ne leur convient plus.

Ne nous laissons pas enlever l'héritage sacré de nos pères.

Défendons notre religion contre ceux qui veulent la faire mentir à elle même.

Soyons libres, mais aimons Dieu, et nous ne ferons jamais le mal.

Sachons que la grande communion catholique n'est pas dans les signes extérieurs du culte, mais dans une charité réelle qui se manifeste par les œuvres.

Faisons le bien : voilà la meilleure prière ; dévouons-nous au bien des autres : voilà le culte le plus pur !

XVIII

Les Prophètes.

Tais-toi, disaient à Jérémie les tyrans de Juda, tu appelles l'incendie et la mort sur ta patrie ! Et le peuple ameuté criait : Il blasphème contre le temple ; qu'il se taise ou qu'il meure !

Rois de Juda, et vous, peuple d'Israël, répondait le prophète, je prévois les malheurs de ma patrie, mais c'est vous qui les appelez !

Vous dormez au bord du précipice, moi je veille et je pleure, moi je vous appelle et je crie ; est-ce donc pour vous perdre ou pour vous sauver !

O société aveugle ! vaisseau brisé que tous les courants de la mer emportent au hasard à travers les récifs tandis que l'équipage s'enivre....

Est-ce donc au pauvre passager qui te voit sombrer peu à peu et qui crie à tes pilotes de s'éveiller qu'il faut s'en prendre de ta perte ?

Quoi ! les leçons du passé ne te suffisent pas et tu prépares encore à l'avenir des remords et des épouvantes !

Souviens-toi de ce qui est arrivé aux Hébreux : au lieu d'écouter leurs prophètes et de se réformer ils ont tué les envoyés de Dieu, ils ont opposé à la force de l'intelligence et de l'amour la violence et la tyrannie.

Eh bien , la violence les a vaincus eux-mêmes et la tyrannie les a brisés.

Nabuchodonosor a vengé la mort de Jérémie, Titus a vengé la mort du Christ, et ni le peuple ni le temple ne se sont relevés de ce dernier coup.

Souviens-toi de ce qui est arrivé à l'Eglise catholique. Ses pontifes, au lieu d'écouter les saints qui prêchaient la réforme, les ont proscrits et les ont fait mourir.

Alexandre VI l'empoisonneur incestueux livra Savonarole à la torture et au bûcher. Le concile de Constance, contre la foi jurée, condamna Jean Hus sans l'entendre ; et Jérôme de Prague, qui était revenu à l'unité catholique, fut rejeté par des traitements indignes dans l'hérésie et sur le bûcher !

Eh bien, ces assassinats ne restèrent pas stériles. On avait étouffé les réformateurs ; arrivèrent bientôt les démolisseurs et les incendiaires;

Jean Zisca vint à la place de Jean Hus, Luther remplaça Savonarole, et Rome elle-même fût livrée à d'horribles représailles.

Souviens-toi des vœux si héroïques et si purs de la France en 89 ; et rappelle-toi comme l'entêtement des conservateurs de ce temps-là amena les orgies sanglantes de 93 !

Maintenant, au nom du peuple qui souffre, nous venons vous dire : Riches, les pauvres sont vos frères et vous devez compte à Dieu et à la société de vos richesses. Nous ne voulons pas attenter à vos droits, mais reconnaissez les nôtres. Nous voulons arriver à la possession légitime par le travail ; et c'est seulement quand nous posséderons quelque chose que nous organiserons la communauté chrétienne. Vous avez besoin de nous et nous avons besoin de vous. Nous demandons seulement que le pacte social entre nous soit juste. Si nous respectons ce qui est à vous, respectez ce qui est à nous, et ne dévorez pas le fruit de notre travail ; rétribuez équitablement les peines de l'ouvrier et n'avilissez pas le prix de ses sueurs par d'injustes monopoles et des concurrences illégales ; soyez des frères pour nous et nous serons heureux de ne pas être vos ennemis !

Riches, si vous écoutez le peuple et si vous lui venez en aide, la misère s'adoucira peu à peu, le bien-être physique disposera l'ouvrier à l'instruction morale, il deviendra religieux et sage, et la société sera sauvée.

Si, au contraire, vous vous obstinez à repousser toute amélioration et tout progrès; si vous accueillez par des persécutions et des violences les efforts pacifiques du peuple pour se sauver lui-même, vous irriterez les mauvaises passions dans les masses, vous éteindrez toute foi dans les cœurs. On se taira, mais la haine fermentera dans le silence. A vos négations brutales des droits du peuple le communisme matérialiste opposera une négation plus brutale encore de vos droits, et, votre propriété prenant le caractère d'une occupation à main armée, le brigandage lui répondra; les crimes déborderont les digues de la justice; la guerre sera partout et la sécurité nulle part; les parias rongeront la base de l'édifice social comme les flots rongent les rochers, et, enfin, un jour viendra où tout s'écroulera avec un fracas épouvantable !

———

XIX

La Protestation légitime.

On ne remédie pas aux maux causés par l'orgueil en leur opposant l'orgueil ; la colère ne guérit pas la colère ; la violence ne désarme pas la violence, et l'usurpation ne rétablira jamais l'équilibre dans la propriété.

Voulez-vous protester contre les bourreaux, ne soyez pas des assassins !

Voulez-vous protester contre la propriété égoïste, ne soyez ni des égoïstes ni des voleurs !

Pauvres, si vous voulez que votre protestation contre les mauvais riches soit légitime, travaillez d'abord.

Ne soyez ni des paresseux, ni des ivrognes, ni de lâches flatteurs, ni des tyrans dans votre famille.

Partagez votre nécessaire avec ceux qui sont plus pauvres que vous, ennoblissez-vous par les vertus domestiques !

Sachez que l'homme seul a droit à la fraternité humaine, et ne vous assimilez pas à des animaux sans raison !

XX

Les Parias.

Société moderne, mère sans entrailles, sache que les enfants désespérés que tu repousses à jamais de ton sein sont, de droit et de fait, tes ennemis mortels.

Que veux-tu qu'on leur dise pour les apaiser? que peut-on leur promettre, et quelle moralité veux-tu qu'on leur donne?

Comment redeviendraient-ils honnêtes? ils sont flétris!

Comment le libéré, par exemple, gagnera-t-il légitimement sa vie, et qui voudra lui donner du travail?

Comment la pauvre prostituée retrouvera-t-elle une famille?

Pourquoi ne donnes-tu pas la mort aux enfants que tu ne veux plus nourrir?

Les voilà devenus tes ennemis, et tu les broies sous ton pied; mais, comme le serpent de la légende, ils se replient pour te mordre le talon.

Il serait temps cependant de prendre un parti, et de leur donner tout de suite une position possible, fût-ce dans la tombe!

Je sais bien que tu as des prisons et des échafauds; mais il faut passer par le vol et par le meurtre pour arriver là; et ce moyen de gagner ses invalides est un peu dur.

Société sans entrailles, qui ne sens tressaillir ton cœur que sous la pointe du poignard, quand donc cesseras-tu de dévorer tes enfants comme l'épouvantable Moloch ?

Société meurtrière, qui n'as pas encore aboli la peine de mort et qui ne trembles pas pour toi-même,

Que répondras-tu au Christ lorsqu'un jour tes parias, leur tête sanglante à la main, t'accuseront devant son trône?

Tu n'as rien fait pour eux, et tu leur as pris leur liberté et leur vie.

Tu les as déshérités, puis tu les as flétris! Malheur à toi! car tous leurs crimes retomberont sur ta tête.

Et tu leur devras encore du retour devant la justice éternelle ; car ils ne pourront jamais te faire autant de mal que tu leur en as fait!

———

XXI

Réalités épouvantables.

C'est horrible à dire, mais, dans notre société, souvent ce qu'on appelle vertu conduit directement au crime, et ce qu'on appelle crime conduit aux positions honorables.

Voyez les prostituées des rues, ce lamentable

troupeau que l'ignominie a marqué; si elles avaient su se vendre de bonne heure, elles ne seraient pas tombées à si bas prix, et ce seraient des femmes honorables!

Les malheureuses pour la plupart ont aimé et se sont laissé séduire; elles n'ont pas eu le courage de l'hypocrisie parce qu'elles avaient un cœur.

Voilà ce que le monde en a fait. Voyez ce prêtre apostat qui meurt de misère; s'il avait su mentir comme les autres et cacher ses vices sous une austérité haineuse, il serait peut-être évêque aujourd'hui!

Voyez ces forçats qui partent pour Brest ou pour Toulon, enchaînés deux à deux : ils ont volé avec trop de franchise. Oh! s'ils avaient su faire leurs affaires!

Voyez cette pauvre femme du peuple qu'on vient d'arrêter pour avoir volé un pain : elle a été jeune et belle, mais elle a voulu être honnête. Un ouvrier brutal et fainéant l'a épousée et l'a rendue mère, puis il l'a délaissée avec ses enfants!

O moralistes! que vous êtes beaux dans vos théories et puissants dans vos arguments!

Vous vous donnez bien de la peine pour former des gens vertueux, et puis voilà que la société les prend en ricanant et les jette au dépôt de mendicité ou à la charrette du bourreau !

XXII

Les Hypocrites.

« Vous n'avez pas le droit, Madame, de réclamer l'émancipation de la femme, m'ont dit des hommes d'une probité sévère.

— Et pourquoi ?

— Parce que vous vous êtes affranchie de toutes les lois de la société !

— Hypocrites ! »

Quoi ! parce que j'ai échappé comme par miracle à la balle de l'assassin, je ne dois pas crier au meurtre !

Quoi ! parce que je n'ai ni état dans le monde, ni considération parmi les gens comme vous ; parce que je suis froissée, brisée à chaque pas ; parce que je crie sans qu'on daigne m'entendre ; parce que je dévore mes larmes ; parce que je m'arme de toute l'énergie d'un légitime orgueil contre les lâches qui m'écrasent, je serai la seule qui n'aurai pas le droit de me plaindre !

Quoi ! ce sont précisément les victimes qui doivent se taire, et l'on doit attendre que les bourreaux réclament en faveur de ceux qu'ils torturent!

Pitoyable dérision !

Ah! vous me flétrissez parce que je proteste! Ah ! vous voulez étouffer ma voix !

Eh bien, je me tairai sur mes propres douleurs et sur celles des femmes mes sœurs en esclavage, et j'irai travailler à l'émancipation des hommes!

Vous avez voulu me rendre infâme, et moi je vous dis qu'à force de dévouement je rendrai ma vie sainte et ma mort glorieuse.

Et vous verrez après si l'émancipation de la femme est un fléau, et si j'étais digne de vivre plus honorée et plus heureuse!

J'ai écrit le livre de l'Union ouvrière et je l'emporte avec moi ; mais j'ai dicté celui-ci à un frère, et il le publiera si je meurs.

Je pars comme autrefois les apôtres du Christ ; je vais protester d'une manière éclatante contre le positivisme étroit de ceux qui enchaînent le dévouement.

Je serai folle, s'il le faut ! ce sont les fous qui ont sauvé le monde !

XXIII

Le Progrès religieux.

Il y a des gens qui sont encore catholiques à la manière des vieux inquisiteurs qui condamnèrent Galilée.

Il y a des prêtres qui ne désavouent ni les auto-da-fé ni la Saint-Barthélemy, et qui veulent rendre la religion seule responsable de ces affreuses calamités politiques.

Il y a des hommes que le nom seul de liberté fait pâlir, et qui sourient dédaigneusement au mot de progrès ;

Des hommes à qui deux révolutions n'ont pu rien apprendre ni rien faire oublier, et qui protestent de toute leur faible force contre l'émancipation de la pensée humaine.

Troupeau impuissant et malade, dangereux seulement par les miasmes putrides qu'il exhale et que nos enfants respirent, car ils élèvent la jeunesse.

Conspirateurs peureux et hypocrites qui paralysent tout par leur masse d'inertie, et qui rampent sous les égoûts du budget d'un gouvernement dont ils sont les éternels ennemis.

Servitude d'esprit, petitesse et dureté de cœur,

scrupule judaïque dans la multiplicité des vaines observances, estime démesurée de soi-même et de la coterie dont on fait partie, mépris profond pour tout le reste, y compris l'honneur, le patriotisme, l'amour de la famille, et surtout l'amour de l'humanité. Voilà le caractère de ces hommes et de leurs adeptes.

A l'ombre de ce pharisaïsme peuvent se cacher et grandir les désordres les plus honteux; les confrères sont assurés du secret, et disposent à leur gré du trésor des indulgences plénières.

Ils ne savent pas ce que c'est qu'un procédé honnête. Aussi sont-ils fort étonnés de s'entendre reprocher les moyens qu'ils emploient pour parvenir à leurs fins si pieuses et si méritoires.

Voilà les hommes qui perdent le catholicisme et fomentent encore, à notre époque, des guerres de religion!

Ce sont eux qui croient retenir la vérité captive, et qui pensent avoir éternisé la durée de leur dogme parce qu'ils l'ont décharné comme un squelette et endurci comme un fossile.

Ils ne savent pas, ces conservateurs de momies, que, pour être immortelle, une religion doit d'abord être vivante!

Aussi le Verbe de Dieu s'est retiré de ces hommes comme la parole s'en va de ceux qui meurent. Ils ont toutes les ressources, toutes les tribunes, toutes les voies de publicité : que disent-ils ?

Ils n'osent employer que les insinuations sourdes, les persécutions occultes, les murmures secrets du confessionnal, et les sollicitations féminines dans les mystères de l'alcôve.

Ce sont eux qui ont navré le cœur du noble Lamennais, ce prêtre qui fut un instant le pilote du vaisseau de Pierre, et qui tomba dans les flots, comme Palinure, avec son gouvernail brisé.

Ce sont eux qui enveloppent encore, dans une même réprobation jalouse, les deux grands régénérateurs de l'unité catholique en France : Napoléon et Chateaubriand.

Car ils sentent la religion prête à leur échapper ; ils se cramponnent à sa remorque avec des cris d'effroi, en sentant qu'elle marche et que déjà elle tiraille leurs bras perclus et entraîne leurs pieds goutteux !

Sœurs et frères, tant que le clergé aura des doctrines occultes, tant que sa morale ne sera pas publique et universelle, tant qu'il sera l'ennemi du progrès et de la saine philosophie, tant qu'il mettra l'esprit de caste à la place de l'esprit évangélique, ne communiez pas avec lui.

Protestez en union avec la vraie Eglise universelle contre ces faux pasteurs, et ne leur donnez pas vos enfants à instruire.

Quand nous serons tous parvenus à cet âge de virilité dont parle saint Paul ; au temps de la plénitude du Christ, nous n'aurons plus besoin de prêtres, car tous les chrétiens seront prêtres et rois, selon la promesse des Ecritures.

Et cette parole du grand apôtre devrait fort inquiéter ceux qui refusent de croire au progrès.

Toutefois, en attendant cette glorieuse époque, considérons l'Eglise enseignante comme une école, et demandons-lui compte de ses doctrines morales et politiques avant de lui confier nos enfants !

Je ne m'adresse pas ici aux parias. Je sais que les enfants des parias n'ont pour précepteur que la misère et pour école que le malheur. Pour ceux-là il n'y a point d'Eglise, comme il n'y a point de société ni d'avenir !

Et maintenant moi, la paria, j'ose ajouter qu'une Eglise dont la porte se ferme à celui qui souffre est un temple de l'enfer.

Je dis que le Christ, paria comme moi s'il revenait au monde, ne trouverait peut-être pas un prêtre pour l'absoudre de sa pauvreté et de ses vertus !

Cherchons donc des symboles d'avenir dans

l'enseignement catholique, mais fuyons les faux pasteurs comme des pestiférés.

Car ce sont les enfants de ceux qui ont crucifié Jésus, et ils sont plus inintelligents, plus impitoyables et plus avares que leurs pères !

XXIV

L'Émancipation.

Pour émanciper les serfs il faut les instruire, c'est pourquoi j'ai fait ce livre qui sera mon testament.

Je l'adresse spécialement aux femmes afin de les délivrer de la superstition qui abrutit leur âme et rétrécit leur cœur, et de les rendre indépendantes des prêtres, tout en leur donnant une foi vive et une charité ardente qui les soutiendra dans la lutte !

C'est la fausse dévotion qui retient les nobles cœurs de femmes dans une résignation paresseuse et impie.

Leurs droits sont les mêmes que ceux des hommes ! elles ont de plus la divine prérogative de la maternité ! Qu'elles soient donc mères, car les hommes sont des enfants !

Assez elles ont régné par la ruse, assez elles

ont triomphé par la corruption; l'heure est venue de la chasteté et de la justice!

Oui, de la chasteté! car vos mariages sans amour, conclus à prix d'argent, sont des prostitutions infâmes!

Oui, de la chasteté, car c'est la gloire de la femme, c'est son besoin, c'est sa nature, et je n'en veux pour preuve que cet instinct sacré qui ne périt jamais entièrement en elle et qu'on appelle la pudeur!

Oui, l'heure de la justice est venue, car la femme n'est pas née pour l'hypocrisie, et, lorsque Dieu a disposé de son cœur, elle ne peut sans honte mentir à Dieu et à son cœur.

La femme n'est pas une propriété, et le droit infâme de propriété sur les êtres libres s'appelle l'esclavage.

La femme n'est pas née pour être esclave.

Femmes, mes sœurs, vous avez souvent repoussé mes paroles parce qu'on vous disait que je voulais vous perdre.

Non, vous dis-je; je veux vous sauver, mais il faut vous instruire, il faut vous dégager des scrupules d'une fausse religion, il faut vous armer de courage.

Quand vous saurez vouloir, tout sera fait, car les hommes ont besoin de vous, comme l'enfant a besoin de sa mère!

XXV

Les Utopistes modernes.

Honneur aux hommes de conviction et de dévouement qui s'avancent en éclaireurs à la tête de la caravane humanitaire !

Gloire à ces fous sublimes qu'autrefois on tuait et qu'aujourd'hui l'on se contente de railler agréablement pendant qu'ils expirent de misère !

L'humanité n'a jamais manqué de prophètes, et l'avenir qui s'ouvre devant nous a eu aussi ses révélateurs.

Swedenborg par la révélation des correspondances a annoncé l'unité et l'universalité de la science et a indiqué à Fourier son beau système des analogies.

Il a montré les sociétés célestes groupées par séries harmonieuses selon les degrés d'intelligence et d'amour.

Il a donné au ciel et à l'enfer les attractions pour mobiles, et sur l'antagonisme il a établi l'équilibre.

Fourier a voulu réaliser sur la terre le rêve céleste de Swedenborg, et a transfiguré en phalanstère le couvent du moyen âge.

Saint-Simon a donné l'initiative des transfigurations du dogme, et a révélé la fin du veuvage chrétien et le grand mariage humanitaire par l'affranchissement moral de la femme.

Un homme dont le nom sert encore de risée aux prétendus sages parce qu'il vit encore, Ganneau, résume ces divers systèmes dans une magnifique orthodoxie; il justifie l'affranchissement de la femme par le culte de l'amour et l'honneur qu'il rend au titre de mère. Pour lui, l'empereur Napoléon est un type messianique représentant le grand Caïn ou l'usurpateur, mais il le réconcilie avec le Christ, qui est le grand Abel, et de cette union de l'obéissance et de la force naît l'équilibre parfait des droits et des devoirs.

Après ces grandes figures de prophètes, qui représentent des idées d'ensemble, viennent des architectes qui donnent des plans pour les diverses parties de l'édifice social.

Cabet, homme de conviction et de persévérance, à qui sa probité tient lieu jusqu'à un certain point d'idées et de talents, donne dans son Icarie le plan d'une grande manufacture commune et quelques règlements d'ateliers qui peuvent avoir leur côté raisonnable et utile Proud'hon, raisonneur d'une logique lourde, mais écrasante, prend la propriété telle qu'on l'entend de nos jours dans des tenailles où il la broie. Son livre n'a pas été poursuivi par le parquet.

Victor Considérant, le régénérateur de l'école sociétaire et le continuateur de l'œuvre de Fourier, homme de science et de talent, qui sera peut-être bientôt appelé à représenter à la tribune les idées d'émancipation pacifique et d'organisation sociale.

Voilà à peu près tous les hommes de notre époque qui se soient sérieusement occupés de l'avenir. Mais aucun d'eux n'a mis avec activité la main à l'œuvre, soit que les moyens d'exécution leur aient manqué, soit que leurs plans ne soient pas encore bien arrêtés, soit que leur foi ne soit pas assez vive.

On raconte qu'un architecte de l'antiquité, après avoir écouté en silence le détail des plans gigantesques d'un autre architecte, grand faiseur de théories, le surpassa d'un seul mot, en s'écriant : « Ce qu'il a dit, je le ferai ! »

Oh ! si le courage et le dévouement suffisent, je serai, moi, cet architecte qui parle peu, mais qui agit. . . . .

Ici s'arrêtait le manuscrit dicté par Mme Flora Tristan.

Terminons maintenant par quelques mots sur cette femme extraordinaire.

Il est des existences dont l'histoire appartient aux annales de l'humanité, et je crois que celle-ci en est une. La personnalité de Flora s'était tellement exaltée dans la lutte qu'à ses yeux mêmes elle était passée à l'état de mythe, elle se croyait la femme-Messie; après avoir lutté comme un démon, elle rêvait la transfiguration du martyre pour s'envoler au ciel sur les ailes d'un ange; c'était la Médée antique, jalouse de notre moderne Mme Guyon et sûre de la surpasser.

Voici ce qu'écrivait sur elle, un an avant sa mort, celui de ses amis qu'elle a chargé depuis d'écrire son testament religieux et littéraire.

L'article a paru dans un recueil inachevé qui devait avoir pour titre : *Les Messies contemporains.*

« Voici une femme dont il ne faut pas parler, mais qu'il faut connaître si l'on veut admirer et frémir. Allez la voir : elle vous forcera d'être son ennemi mortel ou son séide; trop au dessus du bien ou du mal que vous pourrez en penser, elle confondra toutes vos idées; et quand vous croirez la saisir en flagrant délit des vagues noirceurs dont on l'accuse, elle vous échappera, grandiose, sublime et souriant de pitié. Alors, devenu enthousiaste, vous vous lancerez à perte de souffle pour la suivre; elle se retournera alors dédai gneusement, vous étreindra le cœur dans une main glacée et terrible, puis le rejettera brisé. Prenez-la pour un diable, elle déploiera deux magnifiques ailes d'azur et une chevelure étoilée ; priez-la comme un ange, elle vous montrera les cornes.

C'est que Flora Tristan est la superbe personnification du plus complet et du plus implacable orgueil. Le Satan de Milton doit être mort de dépit depuis qu'elle est au monde. Si elle n'est pas Satan lui-même en progrès, elle est parvenue, à force de grandir dans la révolte, à la quiétude et à une sérénité de front qui la rend véritablement dangereuse aux âmes, car elle les force à la haïr ou à l'adorer.

Trop superbe pour être vaine, Mme Tristan s'impose elle-même en abjurant sa personnalité. Tout lui appartient : vos idées, vos travaux, votre personne, et elle n'en estime pas même la propriété. Vous n'êtes rien, elle non plus : Dieu est tout, mais elle est tout en Dieu, et Dieu est tout en elle. De grâce, n'allez lui résister en rien ; baissez le front devant l'auréole de femme qui l'entoure ; ne lui demandez la raison de rien ; aimez-la, à la grande et unique condition qu'elle ne vous aimera pas. Singulière condition, direz-vous; et qui l'imposera ? elle ! — Non ; vous, si vous êtes sages ; — car ceux qu'aime Mme Tristan, elle les tue (au moral, entendons-nous). C'est la Circé antique, moins la baguette ; c'est une sirène qui ne chante pas, mais qui dévore ; c'est un adorable vampire qui vous tue l'âme et qui vous laisse votre sang, afin qu'il vous étouffe lorsque vous la quitterez furieux, sans avoir même la consolation de la faire mettre en colère ; car elle est cruelle avec bonté, elle vous torture en souriant ; il y a une naïveté d'enfant et une conscience de sainte dans ses homicides moraux ; elle est simple et douce à vous jeter dans des accès d'hydrophobie, et vous sortez de ses amitiés caressantes avec je ne sais quelle envie de mordre quelqu'un... ou quelque chose, surtout si vous êtes à jeun.

Ange ou Satan, Dieu ou diable, telle apparaît la femme à ceux qui ont le bonheur ou le malheur de la connaître.

Passons maintenant aux idées.

Flora Tristan croit en Dieux (ne pas biffer l'x). Dieux, selon elle, est père, mère et embryon, c'est-à-dire que, dans le premier principe, elle reconnaît la génération active, la génération passive et le germe en progrès indéfini. L'intelligence et l'amour qui ne sont qu'un sont le principe actif qui anime la force, et la force, de passive devenant active, féconde l'intelligence et l'amour ;

alors l'intelligence aimante devient mère d'un fruit qui s'agrandit toujours sans jamais sortir du sein qui le limite toujours, et ce fruit qui est l'univers est pour cela nommé l'embryon divin.

Le principe se reproduit dans ses effets, et Dieu se manifeste dans l'humanité; le principe créateur, l'amour intelligent devient la femme : la force est représentée par l'homme; l'homme n'est donc que l'argile de Prométhée, et c'est la femme qui a reçu le feu sacré du ciel pour l'animer.

Aussi Flora n'accorde-t-elle pas à l'homme le titre de père. Selon elle, l'humanité figurée par le Christ n'a qu'une mère sur la terre et un père dans le ciel. La femme, maîtresse de ses faveurs, anime qui il lui plaît du feu sacré de l'amour, et celui qu'elle a choisi, elle le fait participer un instant à son privilége de mère. Elle ne se donne jamais à un homme, mais elle honore un homme de son choix, l'élève jusqu'à sa souveraine et le renvoie en lui imposant silence. Ainsi Flora ne réclame pas l'émancipation, mais bien la souveraineté et l'autocratie de la femme; son utopie est la république des abeilles, et ce qu'elle paraît vouloir conquérir au nom du sexe le plus aimable et le plus opprimé, ce n'est pas l'égalité et la justice, c'est la réaction et la vengeance. Flora Tristan a beaucoup souffert.

Ainsi, pour répondre aux communistes qui prêchent la communauté des femmes, Flora, communiste aussi à sa manière, demande la communauté des hommes ; si c'était une ironie, elle serait amère, mais concluante. Du reste, madame Tristan a en horreur le nom même de la propriété et ne croit pas au libre arbitre. Elle oppose au mal le progrès, et aux erreurs de l'homme l'inspiration de la femme ; elle admet jusqu'à un certain point dans l'organisation sociale à venir les idées phalanstériennes ; mais le Christ, mais Fourier, mais Saint-Simon n'ont apporté que des brins de paille dont elle seule, hirondelle inspirée du printemps à venir, elle maçonne un nid où elle veut couver un monde nouveau sous ses ailes de mère. Folle ainsi, à force d'être devenue sublime, elle aime l'humanité jusqu'à jalouser Dieu même. Ne cherchez rien de petit en elle, et ne craignez pas qu'elle faiblisse. Robespierre disait : « Périssent les colonies plutôt qu'un principe ! » Flora dirait volontiers : « Périsse le monde plutôt qu'un de mes rêves ! » Et si les rêves de Flora pouvaient se matérialiser sous la forme d'un triangle de fer, je craindrais, ma foi ! pour la sotte espèce humaine une réalisation terrible du souhait de Caligula.

Terrible femme ! allez-vous dire. — Attendez !

— Avez-vous vu la captieuse douceur de ses magnifiques yeux noirs? sa main d'ivoire antique faite à désespérer le ciseau de Phydias? sa plantureuse et luxuriante chevelure que le temps jaloux, semblable à une araignée patiente, voudrait enlacer dans un réseau d'argent? son port de reine, sa parole infaillible, mais complaisante et facile, tomber de ses lèvres si vermeilles et si pures? Avez-vous vu Flora dans la coquetterie de son négligé dédaigneux? Oui, n'est ce pas? Eh bien alors, je conçois que vous la détestiez de tout votre cœur, mais ne m'en dites pas de mal; vous êtes partie intéressée. Si vous ne l'avez pas vue... ma foi, tenez, n'en parlons pas en poltron, je vous plains.

Il y a de l'étoffe dans cette femme ; c'est une grande et magnifique nature que l'opinion devrait diriger et non pas flétrir. Mais, race étiolée que nous sommes, nous avons peur des natures fortes comme les écoliers paresseux ont peur de leur maître, et nous avons plus tôt fait de les crayonner furtivement en caricature derrière une porte que de profiter de leurs enseignements.

Les ouvrages de madame Flora Tristan sont: 1º *les Pérégrinations d'une paria*, histoire des voyages de l'auteur au Pérou, que l'on retrouve assez dans son ouvrage pour qu'on n'ait pas le droit de dire : Ce n'est pas lui. Le grand caractère de cette femme excentrique commence à se dessiner hardiment dans cet ouvrage, qui a été brûlé publiquement à Arequipa, et qui a fait supprimer une pension que madame Flora recevait de sa famille péruvienne.

2° *Méphis*, roman social à l'état d'ébauche, comme le disait l'auteur elle-même dans une lettre particulière. On y trouve une nouvelle et étonnante théorie sur l'amour avec les idées révolutionnaires les plus avancées.

3° *Les Promenades dans Londres*, ouvrage de statistique populaire vraiment consciencieux et utile ; l'auteur s'y élève déjà à la dignité d'apôtre humanitaire.

4° Enfin l'*Union ouvrière*, petit livre gros d'idées et d'avenir, qui seul peut absoudre madame Flora des petits travers de son génie incompris et qui la place définitivement à la tête des hommes d'action de notre époque.

La vie de cette femme fut pleine de douloureux mystères. Victime tant de fois d'une société qu'elle se sentait de force à broyer à son tour sous ses pieds, elle ne se borna plus à se défendre ; elle osa attaquer, et l'ordre civilisé tout entier pâlit devant elle. Elle faisait horreur, mais elle faisait envie, et la paria se montra si calme et si belle dans son exil, au milieu du monde civilisé, que le démon victorieux parut plus heureux que les anges.

Elle sentait bien toutefois que la lutte n'était pas la condition éternelle de son existence ; l'unitéisme avait envahi cette belle nature comme la splendeur du soleil investit ceux qui montent au-dessus des nuages.

Jamais aspirations aussi ardentes vers la paix universelle ne firent palpiter un cœur de femme ; jamais rêves plus suaves d'angélique chasteté ne purifièrent un cœur ! Flora était une nature toute catholique, parce qu'elle était plus forte que tous les préjngés philosophiques. Née quelques siècles plus tôt, elle eût été sainte Thérèse, et, dans notre siècle de doute byronnien et de littérature satanique, elle ne fut jalouse de rivaliser avec Satan que pour le vaincre et le ramener à Dieu.

Née avec une ambition immense, elle légitima en quelque sorte cette passion en la dirigeant vers les véritables grandeurs ; si un instant elle rêva le Pérou et ses richesses fabuleuses, elle sentit bientôt que la supériorité de son intelligence lui permettait de créer elle-même des trésors inépuisables dont elle voulut doter la classe ouvrière.

Lors de son départ pour le tour de France, où

elle a trouvé la mort, Flora, qui travaillait depuis longtemps à son ouvrage de l'émancipation de la femme, me remit ses notes dans une liasse de papiers presque indéchiffrable, et me chargea de mettre tout cela au net, et de lui renvoyer les autographes avec mes additions et mes remarques ; le paquet a été mis aux messageries pour Lyon avec son adresse. J'avais terminé la partie du travail que je publie, et je lui demandais la suite ; je fus un mois entier sans nouvelles, et un mois après j'appris que Flora était morte.

Dégoûté depuis longtemps des déceptions socialistes et politiques, j'avais alors résolu de ne plus rien publier sur ces matières si douteuses et si controversées. Entraîné par le charme de mes anciennes croyances, et ambitieux désormais de repos et d'oubli, j'ai hésité longtemps à publier un travail dont l'opinion pourrait peut-être me rendre responsable, et dans cette irrésolution j'avais essayé de l'arranger, de l'adoucir et de le mettre en harmonie avec mes convictions personnelles ; mais à travers tout cela un mécontentement intérieur me poursuivait, et j'en étais venu à comprendre les expiations des anciens pour apaiser les mânes. J'avais promis à Flora de recueillir et de publier ses dernières pensées, et, quel que soit mon éloignement pour telle ou telle de ses convictions, je ne devais pas m'en constituer le juge. Je lui rends donc le dépôt qu'elle m'a confié ; c'est à son âme d'en répondre.

Elle a été mon amie selon l'esprit, et pendant un temps toutes ses croyances ont été les miennes. Pourquoi ai-je changé? Demandez au temps pourquoi tout change. Flora n'a pas changé de la même manière ; mais elle est morte, ce qui est un changement bien plus complet et bien plus terrible.

Or voilà un fait qui me paraît protester invinciblement contre toutes les utopies de ceux qui rêvent la perfection sur la terre : la mort!

Supposez le phalanstère organisé et le monde en pleine harmonie ; alors, plus épouvantable que jamais, un spectre ricanant se dressera devant vous comme une négation terrible : la mort.

Nous n'avons donc pas de repos à chercher ici-bas, puisque nous mourrons!

Notre patrie est donc ailleurs que sur la terre, puisque après quelques jours d'agitation et de lutte nous nous en allons tous dans la mort!

Où est maintenant cette grande armée dont l'empereur était la tête et l'âme, et qui a ébranlé le monde sous ses pas !

On en cherche et l'on en trouve à peine encore quelques débris.

Derrière elle tout est mort, et l'empereur où est-il ?

Que proclament donc les tombeaux depuis les pyramides de Chéops jusqu'au panthéon de Voltaire ?

Que la terre est un lieu de passage et que notre patrie est dans l'éternité.

Un moment est donné à l'homme ici-bas pour mériter par le dévouement une éternité de liberté et de gloire.

L'homme est donc libre et ses actions déterminent sa destinée.

Les animaux obéissent à des attractions fatales, aussi ne parlent-ils pas ; et que diraient-ils ?

La parole est impossible sans le jugement ; car la parole, le verbe n'est autre chose que l'énoncé d'un jugement.

L'homme est donc placé sur la terre comme un juge ; et, selon l'équité de ses jugements, il doit être jugé lui-même.

Or, pour que son jugement ne s'égare pas, un type parfait lui a été donné, et ce type c'est l'homme-Dieu.

Le Christ est donc l'unique Sauveur de l'humanité, et nous n'en attendons pas d'autre.

Aussi ce type d'unité a-t-il produit d'abord l'Église hiérarchique, qui est une dans son chef et multiple dans les fonctions de ses membres.

A l'époque du grand schisme, l'Église, sauvée par la France, est devenue essentiellement gallicane, et c'est dans le génie de la France qu'on retrouve de nos jours les vraies doctrines de l'association universelle. C'est ce génie français qui doit réagir, dans un avenir prochain, contre la force brutale du Nord alliée à la puissance industrielle de l'Angleterre.

Il viendra un moment où il faudra choisir entre la suprématie religieuse du pape et celle du czar; mais le pape sera forcé alors, par la nécessité impérieuse des circonstances, d'adopter les idées françaises et de bénir la sainte alliance des peuples au nom de la religion et de la liberté.

Alors le premier peuple du monde, le peuple-roi sera le plus dévoué, comme, du temps du Christ, l'homme qui s'est dévoué jusqu'à la mort a été salué comme le véritable homme-Dieu et l'unique Sauveur du monde.

Voilà mes espérances ou mes rêves, et, en attedant ce bel avenir, je vais me taire et prier à l'ombre de l'antique métropole où j'ai reçu, avec un nom chrétien, l'eau mystérieuse du baptême.

Mais je crois à la légitimité de toutes les expansions du verbe humain et je n'ai pas cru devoir retenir captive la parole d'une amie qui n'est plus

en ce monde pour s'en plaindre. Qu'elle me par
donne d'avoir ajouté quelques réflexions aux
siennes, si, dans le meilleur monde où sans doute
elle s'en est allée, on sait quelque chose encore
des traces qu'on a laissées ici-bas !

Alph. CONSTANT.